城市中国丛书
CITCHINA

Redefine Hebei

重新发现河北

方塘智库区域战略研究中心 ——

著

社会科学文献出版社
SOCIAL SCIENCES ACADEMIC PRESS (CHINA)

方塘智库"城市中国丛书"
编 委 会

《重新发现河北》
编　委　会

本 书 出 品　方塘智库

署　　　名　方塘智库区域战略研究中心

参与撰稿人　叶一剑　许伟明　宋彦成　张以言

　　　　　　　宋代伦　潘　鹏　胡小兮　蒋伟涛

方塘智库区域战略研究中心简介

方塘智库区域战略研究中心致力于洞察区域发展之大势，谋划区域转型之战略，策动区域发展之道路，关心区域新图景，关注中国大变局。针对京津冀协同发展、长江经济带、一带一路、中部崛起、西部大开发、省域经济变革等已积累较多的研究成果。

丛书总序
城市中国 变革未来

叶一剑

（方塘智库创始人）

一

我们好像一直有着对"历史性时刻"或"历史性转折"迷恋的情结。2011 年底，中国官方公布的统计数据所显示的中国城市化率超过 50%（51.23%），而此前的 2010 年，全球平均城市化率第一次超过 50%。这让很多人对我们这个国家马上又多了一些浪漫的想象：对中国历史而言，这是一个重要的转折时刻，至少从统计数据上看，中国第一次实现了聚居于城市的人口超过了散居于农村的人口。

这种想象的重要心理依据是，长期以来，我们对城市和城市化的理解都是与这些因素相伴的——城市是象征了经济、科技、文化以及社会"先进""发达""美好"的符号，也被理解为人类聚居的高级形态、生活空间的未来归宿。

直到目前，在针对中国经济增长未来的辩论中，乐观一方所依据的最重要的背景之一就是，中国经济还有 10 年甚至 20 年的

1

城市化红利阶段，城市化作为中国经济的巨大推动力依然有效。

然而，中国已经并正在经历一个发展主义被过度表达的城市化阶段，很多时候和很多地方的城市化，一方面为单一的强势的行政权力所主导，同时，这种行政权力主导的目的又被单一的经济增长和投资增长的目标所占据。

所以，在这样的城市化理念主导下，我们不断在大量迅速崛起的中国城市中看到牡丹花一样的繁荣：这里迅速生长出全世界最多的摩天大楼，无论是在形状上还是在高度上，都让骄傲的西方人惊叹；在有限的城市空间中，修建起了越来越宽、越来越高大的公路和立交桥；与此同时，我们也收获了全球最快的经济增长。

这一切看起来似乎并没有什么问题，也完全并可以将这样的模式快速地推广到更广大的地区。但也正是在这个时候，我们开始为一种被总体描述为"城市病"的问题所困扰：交通拥堵、空气污染、水污染、垃圾围城，等等。

这好像也并没有什么特别的，从全球的统计来看，与全球超过一半的人口生活在城市同时发生的是，全球75%的温室气体排放发生在城市，而且，城市也消耗了全球75%的能源。作为一个后发的、赶超型的经济体，中国通过一条带有可预期的瑕疵的发展道路快速实现崛起，然后与全球其他国家的城市一起寻找纾解既有困境的道路，这是一个后发经济体发展权的体现之一。我们在国际上围绕环境责任的辩论中，也确实是这样表达的。

同时值得注意的是，这几年频繁出现于公众视野中的事件——城市居民出于对居住环境的担忧，走上街头抗议——说明，居民和资本与行政权力之间已然产生断裂。

这让我们不得不进一步思考的是，有些具有明确现实感的脆弱的繁荣，和带有鲜明未来感的频繁的失败，在它来时的路上就已经注定，人们为什么不提前防范加以避免呢？

今天正在发生的包括中国在内的全球范围的城市化经验表明，对城市经济繁荣的想象从来就不是满怀梦想而来的"外乡人"对城市想象的全部。在他们看来，理想的现代城市，应更接近于韦伯所指的作为"完全城市社区"的城市，"大致上它应该是工商业的、市场的、以市民为权利主体的、社区自治的。在城市中，市民（公民）的经济权、社会权、政治权将得到逐步实现"。用我们这几年的研究结论概括就是，城市化应该更本质地表现为人口迁徙和由此引发的一系列综合的社会变迁。

当然，我们现在还没有到对城市化的方向本身表示怀疑的时候，只是，我们已经迫切需要对城市化的理念、路径选择做出反思，也迫切需要对存量的城市困境进行反思，以求为城市能够真正地走向"真、善、美"的未来而做出切实可行的战略选择、政策选择和行动选择。

二

对进入 21 世纪第二个十年的世界和中国而言，一个新的共同观察维度是：一个新的城市时代的来临。而且，直到目前，人口从农村到城市的迁徙潮不是在放缓，而是依然在加快，不仅在国内跨区域迁徙，短期和长期的跨国迁徙也在变得频繁且规模巨大。

在城市已经成为中国最具代表性的国家镜像的背景下，我们有必要通过城市和城镇化的视角来发现和讲述这个变革的世界和中国，这不但能够使我们更深刻地洞察历史，也将是我们思考中国未来的重要依据和逻辑起点。

在我们看来，"城市中国"的逻辑应该超越单纯的经济逻辑，还应该包括政治逻辑、社会逻辑、文化逻辑等，这不仅事关中国城市的未来，也事关"城市中国"的未来。

这就是我们推出"城市中国丛书"最重要的背景之一，我们希望用一个丛书以及延伸出来的一系列产品，来实现对城市视角下变革中国和世界的长期和系统的关注。

在我们的规划中，这个丛书具有明确的战略咨询价值，基于对时代变革的洞察，样本化、专业化呈现城市变迁、国家变迁和全球秩序变迁，为更多陷入战略迷失的城市发展决策提供参考；这个丛书同样具有营销平台的价值，通过深度发掘城市价值，并进行公共传播，为新的媒体环境下城市品牌深度营销提供一种可能；这个丛书还具有媒体公共表达的价值，以实现新的媒体环境下，对城市发展逻辑和未来基于对历史和社会的敬畏的公共守望。

作为新兴的社会智库，方塘智库秉承"东方智慧，全球价值"的理念，致力于打造具有全球影响力的智库平台，为国家和时代变革提供全球视野下的从思想观念到解决方案的建设性研究，并推动世界对变革中国的理性认知。

城市作为目前方塘智库最主要的研究方向之一，我们不仅希望将自己的研究工作长期开展下去，更希望将"城市中国"丛书长期做下去，也算是我们对"城市中国"时代的一个承诺吧。

是为丛书总序。

目　　录

1

前　言
中国转型　河北故事

【一】

随着全球政治经济秩序的新一轮深度调整，中国的改革开放和发展转型在具有充分的国际性的同时，也面临前所未有的复杂性。在这一过程中，国内问题和国际问题、经济问题和社会问题、产业问题和区域问题、宏观问题和微观问题、金融监管和实体经济，彼此交织互相影响。这些互动既在国家治理层面发生，也在地方治理尤其是省域治理层面发生，而且已经很明确的态势是，国家战略和省域变革之间共振属性越来越明显。

所以，从研究的有效性的角度来看，对任何问题的关注和研究都要有足够的跨界能力，对任何国家治理命题的研究，都要有深入到地方和基层的问题现场的意识和能力，对任何区域的研究，也都要有"在云端"的战略视野，并将其发展转型纳入到国家整体的改革开放框架中去。对中国转型的发现、探讨和寻路，必然离不开对省域经济的发现、探讨和寻路。与此同时，随着中国的改革进入新的阶段，国家宏观战略布局对省域经济的影响也正在进入前所未有的新阶段。

应该说，从 2015 年方塘智库成立开始，我们就对京津冀地区尤其是河北和天津地区投入了最大的研究力量，这与我们之前长期关注这一地区的发展转型并积累了很好的研究素材和案例有关，更重要的是，无论是从党的十八大以来的国家战略布局，还是对中国区域经济发展的洞察，考虑到北京城市转型的迫切性需要以及全球区域竞争新特点的出现，这一地区已经迎来深刻的调整契机，也已经成为中国区域板块中最先开启新一轮大重塑和最为活跃的变革区域。

而且，考虑到北京的这一轮城市转型注定要在全球城市史上具有一席之地，以及这一区域对中国经济的代表性，京津冀协同发展的国家战略出台，使这一地区从一开始就为世界所瞩目。所以，在开始的时候我们对河北的深度关注和重新审视较多地体现了对"重塑京津冀"这一新时代命题的深度关注和重新审视。后来，我们越来越清楚地意识到，这一轮京津冀的区域格局调整与历史上很多次的区域变革不同，河北的参与度和主动性都将获得前所未有的提升。而且，在所有的省域经济都开始经历深度变革的时候，与其他省份一样，河北也需要基于全球变革趋势和国家战略布局，充分结合资源禀赋，寻找到新一轮的全面深化改革和开放的逻辑、路径和抓手。而河北变革的成败，将对京津冀协同发展产生深刻的影响，进而对北京这一轮的城市转型产生深刻影响。实际的情况是，这一轮京津冀协同发展的直接出发点与北京的非首都功能疏解相关，但真正的主战场却是在河北。尤其是雄安新区的建设，更是让河北这块土地迎来了前所未有的关注。

唯有重新发现，方能洞察未来。正是在这样的背景下，2017年我们在继续深化对京津冀地区调研的同时，开始更有针对性地将目光投向河北，也开始更多地立足河北的现实困境和一些具有

2

推广价值的实践案例对其进行系统性的重新发现。在这本书中，直接涉及的内容主要包括四个方面：京津冀协同发展战略背景下的河北转型、新区新城与河北发展的新引擎、代表性城市与河北转型以及县域经济与河北转型。这些方面不是河北转型的全部，但是我们认为通过这些话题和样本，可以在很大程度上认识一个真实的河北，并昭示河北在这一轮国家变革中的作为。这也是本书的重要价值体现。

【二】

自从 2014 年京津冀协同发展上升为国家战略以来，京畿之地河北迎来新的历史使命，在新的战略激荡下，区域内部的联系不断加强，产业变革与产业转移风起云涌，工业化与城市化齐头并进，但也同时迎来了自身发展的一系列掣肘和瓶颈。

作为北京的门户，长期以来河北的使命首先在于拱卫京师，这在很大程度上塑造了京津冀三地在产业结构、经济质量、社会治理等方面的现有格局。2017 年，虽然河北 GDP 近乎 3.6 万亿元，总量比 2.8 万亿元规模的北京以及 1.8 万亿元的天津多，但是如果细究具体的产业构成、人均水平和行业影响的话，就完全不在一个档次上了。

就当前的河北而言，其省域范围内 11 个地级市之间的发展也存在较大的差异，比如以工业见长的唐山市几乎历年 GDP 总量皆碾压省会石家庄市，更不必说规模仅在千亿级别的承德、张家口、衡水以及秦皇岛诸市。2017 年，仅唐山与石家庄两市 GDP 总量就计 13109.6 亿元，占比达 36.5% 。即便不以 GDP 论英雄，从资源禀赋、区位价值、未来发展潜力等维度进行量化分析，河北各市之间的差距也是非常明显的。所以说，对于河北而言，不仅要在京津冀协同发展过程中最大限度地突破京津冀三地之间的落差，还要最大限度地突破河北内部一些地区和城市之间的落差。而且，内部之间发展落差的突破还要借力于这一轮京津冀协同发展战略的红利。这就是一个很有意思、很有调研价值的事情。

一般而言，谈及河北的发展困境，人们经常会联系到北京的"虹吸效应"。普遍的观点认为，"灯下黑"的发展魔咒使河北难以在经济上有更多建树，甚至形成"环京津贫困带"，人们慨叹人才外流、村镇空心与产业凋敝。事实上，多年以来所形成的以重工业为支撑的产业结构体系以及偏重于高投资的发展模式，使河北尝遍发展的甜头与苦果，如今终于到了直面问题以及真正去思考并解决经济如何转型升级的时候了。

北京市最新的城市发展定位于全国政治中心、文化中心、国际交往中心以及科技创新中心，这意味着河北迎来了全新的价值机遇期。不论是以雄安新区为代表的新区新城营造，并以此作为北京非首都功能疏解的集中承载地，还是三省市从交通、生态、产业三个方面前所未有的深度互动，都将为河北的转型发展带来重要的战略红利。

譬如，以京张为核心的快速交通网络的建立，其中包括京张高铁的开通，2022 年京 - 张冬奥会的举办，被纳入北京一小时经济圈等，显然将激活京西北的张承地区。而这背后不仅仅是生态环保的逻辑，更关乎与之类似的资源型城市或重工业城市的未来，这就观照到区域性的产业结构甚至社会结构本身的命题。

在我们看来，对河北来说，发展蓝色经济、绿色经济而逐渐淡化黑色经济，一方面关乎到秦皇岛、唐山、沧州等沿海城市的未来出路，另一方面关乎正在着力发展与打造的绿色经济、绿色产业与绿色城市。

所以，在面对新的经济、资源以及环境的形势下，河北产业结构的调整势在必行，从而实现从"二三一"转变为"三二一"的产业格局，使第三产业成为河北省经济增长的新引擎。在过去五年间，河北省三次产业结构从 2012 年的 11.9∶52.9∶35.2 转变为 2017 年的 9.8∶48.4∶41.8，其间不断进行调整，其中第三产业比重显著增加，第二产业比重有所减少。在全球产业变革之际，河北也在不断推进工业化的升级发展，由以原材料生产及加工程度低的重工业，向科技含量高、技术密集的高加工度工业转化，如 2017 年河北省高新技术产业占比提高 6.6 个百分点等。

【三】

在我们看来，河北在承接了北京的能耗型与劳动密集型产业的两次转移之后，已经到了新一轮承接京津产业转移的时候，比如雄安新区承接的教育、医疗、科技等高端高新产业，在全国乃至全球的资源配置过程中，不断促成当地现有生产型企业的转型升级。并且，一个京津冀协同发展中的河北显然更开放、更主动，以及更有能力去拥抱绿色的产业结构体系。

作为经济发展的强大引擎，园区所承载的不仅仅是经济层面的意义，更是一地创新与开放的"晴雨表"。所谓"园区强则河北强"，唯有盘活园区才能搞活经济。这也是我们今天有选择地对河北园区进行分析与案例化呈现的初衷所在，一方面是对河北经济再出发的历史性观照，另一方面就新区新城营造与产业集聚也到了进行系统性思考的时机。

事实上这也是县域经济的问题，产业兴则县域兴，"郡县治则天下安"。于河北而言，县域经济不仅仅是其区域经济的重要组成部分，还是助推京津冀协同发展，破除京津地区"孤岛式现代化"格局、承接京津地区产业转移的主要阵地以及京津冀地区城镇化格局的重要组成单元，更是服务雄安新区建设大局的重要力量。

基于此，历经三年，方塘智库通过系统性的调研、梳理，借助理论框架分析，尝试对河北的核心城市、新区新城以及县域新崛起、产业大变革，甚至是像华夏幸福这样深耕京津冀的民营经济主体进行更多务实性的学术探讨与案例化呈现，以期对变革中的河北、变革中的京津以及变革中的中国形成理性的洞察，并以此成文，据文成书。

第一章　区域重塑　河北转型

【导言】

很显然，与全国很多省份一样，河北也迎来了新一轮区域价值重估，只不过，考虑到近几年国家层面所出台一系列重大战略决策很多都与河北密切相关，河北的价值重估和发展转型也会比其他地区更深刻一些，也更宏大一些。与中国近年来变化最剧烈的京津地区一起，河北俨然成了中国变化极大的省域经济体之一。

在我们看来，这些战略变量对河北转型发展而言，机遇和挑战并存，但总体上机遇大于挑战。

随着冬奥会的举办进入倒计时，北京和以张家口为代表的冀北地区的战略互动、产业互动、基础设施互动、营销互动等密集展开，张家口地区不仅扮演了北京两翼发展的角色，更是河北转型发展最值得期待的城市和区域之一。

随着京津冀协同发展战略的实质性系统性的推进，之前困扰三地多年的"断头路"问题基本上都得到了解决，交通一体化不仅化解了存量的问题，而且新的交通路网的布局和完善取得了实质性的进展，这将成为三地协同发展的重要支撑，也是全球所有城市群发展过程中最显著的基础设施依托。

三地围绕生态的联防联治行动从长期来看会倒逼河北的经济转型和改革发展，较快推动其新旧动能转换，但是客观上让河北存量产业成了最大的牺牲品，直接影响了各地的经济增长，成了河北近几年经济转型发展的不确定性因素之一，其背后的转型风险需要给予多个层面的重视。

与此同时，来自京津的较多产业转移已经在河北有了实质性的突破，河北地区产业与京津两地的技术和服务互动也确实比之前更加频繁。在我们看来，这虽然不足以成为河北产业转型升级的最重要的依托，但客观上会对河北经济转型升级和产业结构调整带来一系列影响。

当然，最火爆也最有讨论价值的区域重大战略变量就是雄安新区的设立和建设，虽然新区在发展定位上首先体现出对北京非首都功能疏解的集中承载上，但势必会深刻影响河北的区域发展空间格局、城市竞争格局、产业集聚和转型发展逻辑等，雄安新区建设背景下的河北转型发展，将是河北未来十年乃至更长发展周期中需要深入思考的命题。

当京津冀协同发展和雄安新区的建设成为河北转型发展最大战略变量的时候，河北的转型发展也成了京津冀协同发展和雄安新区建设的重要变量之一。

第一节　重塑京津冀

2016 年 5 月 15 日，近十年来最大一次铁路调图正式实施。新开列车在京津冀之间形成两个环形交通圈，将北京、天津和河北的主要城市连接起来，京津冀协同发展再进一步。

2016 年两会期间，全国第一个跨省市区域的"十三五"规划落地京津冀，确定了九个方面的重点任务。京津冀协同发展经过各方打磨，可谓是革故鼎新再出发。

2015 年 4 月 30 日，中共中央政治局审议通过《京津冀协同发展规划纲要》（以下简称《纲要》），酝酿多时的京津冀协同发展的顶层设计终于出炉。

2014 年 2 月 26 日，习近平总书记在京主持召开座谈会，听

第一章 区域重塑 河北转型 〈〈

取京津冀协同发展工作汇报，并提出了七点要求。

这次座谈会开启了中国新一轮区域大变局，京津冀协同发展历经多年讨论和动议，正式上升为国家战略。由此开始，京津冀三地在新的战略统领下，从产业转移、城市空间、基础设施、文化交流等多方面，展开互动合作，以适应和匹配新的发展目标。

2016 年，在京津冀新一轮协同发展启动两周年的时候，方塘智库尝试对京津冀协同发展的战略实践进行阶段性梳理，并对下一阶段的战略落地给出一些思考和判断，希望对利益相关者有所助益。

从战略到机制，京津冀协同发展渐入佳境

1982 年，北京做城市总体规划时首次提出京津冀地区合作发展的问题。此后三十多年，围绕京津冀地区的讨论、会议、规划、名称概念从未停止。从"大北京地区"到"京津冀都市圈"再到"首都经济圈"，从 20 世纪 80 年代的环渤海市长联席会，到 20 世纪 90 年代的环京经济协作办公室，再到 2004 年的"廊坊共识"，推进京津冀协同发展的想法不可谓不多。

但这些努力总是雷声大雨点小，有会议文件，无实质进展。主流的观点认为，之所以如此，关键在于这些动作始终没有一个最高层的全面统筹和规划，以往最高层级的设计，停留在国家发展改革委 2004 年启动的"京津冀都市圈"区域规划编制。

十年后的 2014 年年初，习近平总书记专门对京津冀协同发展提出七点要求后，这一关乎首都和一亿多人发展的重大议题迅速进入全方位的推进阶段。

此后，中央成立京津冀协同发展领导小组，交通部成立京津冀交通一体化领导小组，由时任国务院副总理张高丽和交通运输

5

部部长杨传堂任组长，并多次召开会议，形成定期会议机制。这些机制安排，部分解决了京津冀长期以来因行政区划导致的协同意识不足甚至是刻意割裂的问题，为更多务实合作提供了想象空间。

根据方塘智库的统计，三地领导的互相调研视察在 2014 年之后明显热络起来，并在短时间内就形成了三地的互访。

在具体的协同发展层面，京津冀各地的协同发展示范区也在不断涌现。因为地方市县的竞争思维仍然较强，给人多而不精、期待多而实践少的印象，但其中也有一些亮点值得一提。

例如曹妃甸协同发展示范区，2015 年 6 月，时任北京常务副市长李士祥带队赴河北唐山调研，研究该示范区规划建设落地的项目和步骤。2016 年 4 月，时任北京市长王安顺一行再赴曹妃甸调研，两地均表示加快曹妃甸协同发展示范区管委会的建立，形成推动协同发展的政策体系，助力示范区建设上档升级。

借助域外资源构建示范区也成为一种可行的方式，不仅有利于最大限度地激活本地资源，并可以推动高起点的资源配置。例如，保定就与深圳"结亲"，共建智慧型、科技型产城融合示范区，以助推京津冀协同发展战略的实施。当时河北省长对深圳科技、金融、管理体制创新的先进表示赞赏，而时任深圳市委书记马兴瑞也认为，深圳肩负着辐射带动全国的重任，此次签约合作，是参与京津冀协同发展的实际行动。

这些案例显示，京津冀协同发展可以有各种表现形式，只要能促进京津冀协同发展，都可以尝试。与此同时，在区域内要素市场，一体化的制度建设也在逐步推进。例如，2016 年四月下旬，京津冀三地信息化主管部门在北京签署了《京津冀信息化协同发展合作协议》，建立三地信息化工作长效、稳定的合作机制。而早在 2014 年，京津冀海关区域通关一体化就开始启动，并逐步扩大到京津冀全境。其他诸如金融、土地、技术等要素，在未来也需要逐步完成一体化机制建设。

当然，直到目前，京津冀体制机制方面最难以协调解决的问题，仍是三地财政体制以及行政区划如何改革，这关乎京津冀协同发展的水平能否提升到新层次。

从交通到项目，产业转移正当其时

在《纲要》中，交通一体化、生态环境保护、产业升级转移是要求率先突破的重点领域。京津冀这两年在这些领域可谓着力甚多。

交通一体化被认为是京津冀协同发展的"急先锋"，《纲要》指出，要构建以轨道交通为骨干的多节点、网格状、全覆盖的交通网络。其中重点是建设高效密集的轨道交通网，完善便捷通畅的公路交通网，打通国家高速公路中的"断头路"。

随着 2022 年冬奥会的成功申办，北京和张家口之间的客运专线加快了建设进度，京承高铁也进入施工阶段。未来北京与河北北部将实现一小时交通圈，极大地缩小与北京的时空距离，弥补之前在冀北地区的欠账。

在东部和南部方向，京唐、京滨两条城际铁路也于 2016 年上半年全线开工，2020 年将实现通车。2015 年年底，被称为中国铁路史上最难产的铁路——保津铁路也建成通车，使得天津往保定石家庄方向不用再绕行北京，京津石三地的互联互通终于初步完成。

未来的理想状态是，在京津冀地级及以上城市间，均有城铁和高等级公路相互连接，形成网状结构。

除干线网络之外，市郊铁路和地铁也在大范围规划布局，这恰恰是京津冀相对于长三角和珠三角在交通上的最大短板。三地因为长时间的行政分割和首都优势资源聚集，造成北京轨道交通过密，天津市郊铁路不足，河北则全方位欠缺，石家庄虽已开工建设但到目前为止尚无地铁。一直以来，京津与周边市县的通勤线路不紧密，交通的"毛细血管"不足，尚没有形成一体化格局。

当然，令人欣喜的是，京津冀公交"一卡通"已经在 2015 年启动布局，2017 年三地主要城市间实现"一卡通"互联互通。

生态环保已经是京津冀未来发展的硬约束条件，产业转移和升级也必须摆脱旧式思维，积极创新实践，根据绿色化要求升级转移或就地升级相关产业。

近年来，京津冀三地完善合作机制，推出了一系列专项规划。如成立了京津冀及周边地区大气污染防治协作小组、签署《京津冀区域环境保护率先突破合作框架协议》、发布《京津冀协同发展生态环境保护规划》，并建立区域联防联控机制。《关于支持张承地区生态保护和修复的指导意见》已印发实施，三省市制定了 2015～2017 年植树造林实施方案，并将山东、河南毗邻河北部分区域也纳入京津冀大气污染防治范围。

就具体的产业协同而言，相较于之前热闹的讨论，2014 年到 2015 年三省市完成了多个标志性项目的落地。前面提到的曹妃甸协同发展示范区已经建起北京现代产业发展实验先行启动区，并拥有转移至此的改装车、新能源汽车、化工、生物医药、航空、智能装备等六大产业板块。

北汽集团在河北黄骅建立汽车产业基地，北京现代汽车第四工厂整车项目在沧州落地，京津中关村科技城等重点合作平台也在加快建设。这些既是首都核心优势资源外溢的良性开展，也是带动京津冀全域产业升级的一个重要窗口。

河北自身的产业升级步伐也在逐渐加快，例如在廊坊、固安已经初具规模的卫星导航产业园、肽谷生物医药产业园。2016年4月，时任河北省长张庆伟前往北三县的三河和大厂调研，并专门调研了大厂影视创意园项目。在文创产业成为潜在重要增长点的今天，这一布局有着前瞻意义，为其他地区县域产业的创新升级提供了样板。

从疏解到调控，北京问题依然待解

在《纲要》出台前，舆论热议的一个焦点便是京津冀协同发展功能定位中，谁是中心或核心，有多中心说，也有单中心说。《纲要》发布后，这一争论尘埃落定，明确了北京作为绝对核心。

同时，《纲要》还明确规定，有序疏解北京非首都功能、优化提升首都核心功能、解决北京"大城市病"问题是协同发展的首要任务，其中有序疏解非首都功能是战略核心，并强调这是关键环节和重中之重，对推动三地协同发展具有重要先导作用。

于是，在关于京津冀协同发展的各项内容的讨论中，北京自身的问题又成为关注的重点。

在首都与直辖市双重属性之下，北京在漫长的时间里被认为扮演着京津冀资本、人才等要素集聚与虹吸的角色，但也积累了典型的"大城市病"，在人口、交通、资源、生态等方面面临巨大挑战，城市公共治理面临困境。因此，向外疏解非首都功能成为京津冀协同发展下的必由之路。

从疏解对象讲，官方认定了四大类：一般性产业特别是高消耗产业；区域性物流基地、区域性专业市场等部分第三产业；部分教育、医疗、培训机构等社会公共服务产业；部分行政性、事业性服务机构和企业总部等。

从 2014～2016 年的实践观察来看，许多非首都核心功能确实已经或正在向外输出，低端的例如以动物园批发市场为代表的各类批发市场，中高端的比如中关村科技和一些高校资源与天津、河北的合作共享。以北京市政府为首的四套班子也在 2017 年年底完全迁至通州。更早之前即 2005 年首钢迁至曹妃甸后陆续带动的各类生产型服务业的转移，也被认为是产业疏解的成功案例。

同时，伴随这些产业和功能的疏解外迁，还有对市区人口的进一步调控。在北京市的"十三五"规划中，城六区将疏解 200 万人口到郊区县，并将常住人口规模控制在 2300 万人以内。即在 2015 年年末北京市常住人口 2170 万人条件下，统计上有超过 300 万人将被安置在城六区外，这对京郊区县和毗邻北京的区县都将带来不小的挑战。

按照自然条件和规划来看，向东的通州、燕郊，向南的大兴、固安，向北的顺义等位于平原的区县，因为人口规模、基础设施、产业分配较成熟，是这些疏解人口的主要承接地。加上北京第二国际机场与北京市行政副中心在《纲要》发布后均有了明确进度表，因此北京在人口疏解工作上面临着有利局面。

但是，这并不意味着非首都核心功能的疏解就能解决北京的所有问题。因为北京市城市布局和道路结构问题，再加上首都政治因素和权力中心下集中的国家职能，使得这些首都核心功能已经对市区交通和公共治理造成了很大的压力。

此前，中央下发文件，指出要打破城市中的丁字路、断头路，打破封闭式小区和单位大院，实行街区制，以解决交通路网布局问题，促进土地节约利用。北京作为首都在这些问题上表现得尤为突出，市区内的断头路比京津冀三地间公路的断头路更难打破，作为资本和利益高度密集的北京市区，交通网络重构遇到的障碍比跨省域的梗阻强大得多。

北京"十三五"规划纲要强调，要从病根上破解，比如在解决人口过多问题上，按照"人随功能走、人随产业走"的原则，将综合运用经济、法律、行政等手段，优化人口空间布局，强化人口服务管理。

但形势往往超出预期。正如此前 2010 年北京提前十年轻松突破 1800 万人口，北京市人口是否面临着再一次失控的问题也打上了巨大的问号。这一红线能否守住，也将很大程度上决定到中期"十三五"结束时，北京市"大城市病"等突出问题是否得到缓解以及京津冀协同发展初步形成的目标能否实现。

京津冀协同发展的三年回望

京津冀协同发展，也是 2017 年两会的热门话题。2017 年 3 月 3 日，中国民航局局长冯正霖就北京新机场问题回答记者提问，并表示京津冀的协同发展主要是，构建以北京新老机场为主轴的大型国际航空枢纽，同时要把京津冀机场群中的天津、河北石家庄机场进行功能优化，就是在机场群中要实行差异化运营。交通运输部副部长刘小明向媒体表示，交通部着力推动京津冀交通一体化，一批高铁、城际铁路、高速公路、码头、航道、机场等建设项目顺利推进，"轨道上的京津冀"正在形成之中。

以上两点，其实只是京津冀协同发展战略三年所取得成果的一小部分。

自 2014 年 2 月 26 日习近平总书记就推进京津冀协同发展发表了重要讲话，京津冀协同发展上升为国家战略以来，这一重大国家战略与"一带一路"建设和长江经济带发展并行而来，成为新时期中国当前最核心的三大国家战略。

2017 年 2 月，在京津冀协同发展战略实施三周年的时刻，一系列推动京津冀地区在教育、交通、医疗等多方面进行一体化改革试点的政策相继出台，一时间"厉害了，我的京津冀"成为热点口号亮相于众多媒体平台。

三年的光景，对于一个战略或是规划的实施来说，是一个值得去总结和反思的中点，也是一个决定着突破和跨越的拐点。京津冀协同发展战略实施至今，成绩斐然却也阻碍繁多，下一步究竟该如何走，这条路到底会通向何方，值得当前所有人去好好斟酌和思索。也正是在此背景下，方塘智库在京津冀协同发展战略提出三周年的时候，再次进行梳理和总结。

抓住京津冀的"牛鼻子"

《纲要》首次明确了京津冀三地的功能定位，这样的定位基于三地的实际情况，划定了不同的层次，明确了各个地区未来在经济建设与地方发展等方面的着力点，为战略的实施提供了指引性的方向。

但同时值得引起注意的是，关于北京定位的核心主语为"四个中心"，天津和河北则分别是"一个基地三个区"，也就是说，无论是过去还是现在，北京对京津冀地区发展仍将起到中心引领作用。

作为区域经济学研究领域中的鼻祖式人物，德国经济学家克里斯塔勒和廖什早在 20 世纪 30 年代就分别提出了中心地理论，

12

这一理论的核心就是强调区域发展中将存在不同的等级，承担着不同的职能。对于京津冀地区发展来说，无论北京、天津两座超大城市"双核"效应如何凸显，其在职能等级上都应该有所区分，如此才能更加有序地实现区域发展的空间布局。

除了功能定位，《纲要》中同样引人瞩目的则是其中提出的"重点领域"，这三大重点领域为交通、生态和产业。时至今日，以这三大领域为率先突破口，京津冀协同发展的三周年呈现出了许多让人欣喜和惊叹的改变。

以交通方面为例，作为京津冀协同发展的"急先锋"，实现交通一体化是三年来京津冀协同发展战略落实的关键环节，也是成绩最为显著的重点领域。

2015年9月20日，京津城际铁路延长线——天津站至于家堡站正式开通运营，北京至天津滨海新区形成1小时快速通道。

2015年12月28日，津保铁路开通运营，天津到保定的运行时间由原来的2小时36分压缩至1小时左右。

2015年12月30日，张唐铁路建成通车，实现了承德与津冀沿海其他地区的便捷通达。

2016年11月18日，计划新建24条城际铁路的京津冀地区城际铁路网规划批复实施。三年后，京津石中心城区与周边城镇将实现0.5~1小时通勤圈，京津保将实现0.5~1小时交通圈。

2016年12月9日，京台高速公路北京段正式通车，这条高速公路起于北京南五环旧宫新桥，在终点礼贤镇田家营村（京冀界）处，与京台高速公路河北段相接。这条高速公路贯通后，从北京到达河北界仅需20分钟。同时，京台高速天津段和首都地区环线高速廊坊段、京秦高速天津段建成通车，京开高速拓宽工程、京秦高速、首都地区环线高速、太行山高速加快推进，为京津冀交通一体化服务的北京大外环也在2016年年底开建。

不仅如此，京津冀区域内一批高速公路"断头路"、国省干道"瓶颈路段"正在打通或扩容。北京新机场主航站楼主体结构封顶，飞行区工程全面开工；河北机场集团公司被纳入首都机场集团公司管理，京津冀机场一体化运营管理机制正在逐步形成。2017年京津冀交通"一卡通"二期工程实施，道路客运联网售票系统和高速公路收费站ETC系统将在京津冀区域内实现全面覆盖。

中国近代民主主义革命的开拓者孙中山先生在《地方自治开始实行法》中也曾说过，"道路者，文明之舟也，财富之脉也"。交通对一个地区的崛起和发展来说，起着至关重要的支撑作用。以实现交通一体化为先行重点，京津冀协同发展正在加快步伐向前迈进。

除交通建设以外，生态领域围绕雾霾的治理与防护，《京津冀及周边地区大气污染防治工作方案》（征求意见稿）正在加紧落实，PPP模式正逐步融合进生态建设领域。根据财政部PPP中心数据显示，截止到2016年年底，京津冀三地共有570个PPP项目入库，入库金额接近1万亿元。细分来看，市场工程类项目和生态建设与环保类项目仍占据绝大比重，占比达53.7%。京津冀协同发展的战略背景和驱动是关键性因素之一。

在产业协同方面，以疏解非首都功能为基本出发点，伴随着例如亦庄-永清高新技术产业开发区、中关村海淀园秦皇岛分园等一批协同创新平台的建设，北京产业疏解正在与区内产业创新驱动升级紧密结合。截至2017年2月，中关村企业已在津冀两地设立分公司1903家、子公司1426家；2016年，北京输出到津冀技术合同3103项，成交额154.7亿元，同比增长38.7%。

2017 年 2 月 17 日，京津冀教育协同发展"十三五"专项工作计划发布，其中提到将在京津冀区域内建设 100 余所合作学校，开展对口帮扶，包括北京城市学院、北京建筑大学、北京工商大学的新校区也将落户河北，正在加紧建设。随着北京所拥有的最大教育资源优势开始逐步向河北等弱势地区渗透，在京津冀协同发展战略的指引下，一个日新月异的京津冀正铺展开来。

正视京津冀协同发展的真问题

纵观当下区域发展的基本趋势，在世界经济范畴之内，国际竞争的基本单位已经是企业抑或为国家，大城市群正逐步成为代表地区竞争力的核心所在。近年来在中国城市发展的浪潮中，城市群的形成、城市群间的合作与分工，牵引着中国经济持续增长的立身之本。在这样一个时代背景下，打造京津冀成为世界级城市群，成为新时期我国参与国际竞争，提升国家整体实力的重要依托。然而，从当前的发展形势来看，在京津冀协同发展战略的推进之下，京津冀城市群内部仍旧存在着几个方面的突出问题亟待解决。

一是功能疏解难，转移承接乱。疏解非首都核心功能、解决北京"大城市病"是京津冀协同发展的基本出发点，也是战略落实阶段的工作重点。一直以来，北京更习惯于招商引资、强化配套，顺势而为"请进来"一类的"加法"，对功能疏解中需要逆向操作"请出去"的"减法"却不甚了解。但是功能疏解作为一项没有经验可循的复杂系统工程，在这一过程中必然面临着不小的问题和挑战，突出表现在三个方面：在功能疏解和转移承接上，相较于北京的不紧不慢，天津和河北可谓是满腔热忱，津冀各地承接平台建设盲目，平台存在功能交叉重复、同质化竞争

15

的倾向；承接地市场发育不足，当地公共基础设施相对薄弱，且由于缺乏合理的规划，部分平台规划面积远远超过实际用地需求，资源配置浪费严重；功能疏解和产业政策体系没有建立，特别是疏解人员户籍、社会保障、子女入学等问题难以协调，业走人留现象普遍。

二是大城市过大，小城镇过小。目前京津冀城市群城市体系呈现出"双核－岛链"结构。北京、天津作为双核心，有区域内其他城市没有的政治、经济优势，京津城市的空间集聚效应大于扩散效应。京津两个超大城市与河北众多中小城市之间存在巨大的经济落差。以长三角为例，上海作为中国大陆经济发展第一城，极化区中心地位明显，带动了周围苏州、无锡、嘉兴等地的迅速发展。而二级中心城市南京、杭州则在城市体系中起承上启下的作用，进一步对三级城市形成辐射。与长三角相比，京津冀区域体系不够合理，除了城市少的因素以外，京津冀城市群内缺少"二传手式"的大城市，省会石家庄近年来虽发展较快，但仍旧不足以成为河北地区强有力的战略支点。

以2015年为例，京津两市的全社会固定资产投资占京津冀地区的42%，GDP占57%，财政收入占74%；而同期，河北全省固定资产投资、GDP以及财政收入占比分别为58%、43%和26%。由此反映出，目前河北主要依靠投资驱动，产出效率较低，财政收入不足，难以对众多中小城市给予强有力的产业支撑和财政支持，导致中小城市公共服务设施不完善，城市对产业、人口以及高端要素的吸纳力不足。

三是市场发育弱，行政色彩强。与长三角、珠三角相比，京津冀城市群市场化程度偏低，地区绝大多数产业集聚的形成与发展更多的是在政府主导下依靠行政规划的方式完成的。长三角、

16

珠三角地区的崛起，虽在某种程度也可以说是特殊时代背景和政策引导下的产物，但是从城市群自身发展的角度来看，珠三角城市群内产业的集聚与发展仍旧是改革开放下以市场经济为导向形成的，长三角则是随着改革的日益深化，政府权力逐步下放，是政府与市场密切合作的产物。

而京津冀地区可以说是中国行政区划中最具有特点的一个区域，行政色彩过于浓厚。在整个京津冀协同发展中，很多情况下的思维方式基本都是以北京为中心，整个区域内机会不均等，资源配置存在着巨大的空间差异，进而使得市场这只"看不见的手"，不能充分发挥机制调节作用。

四是人地关系紧，生态危机重。京津冀协同发展的提出，最初与北京日益严重的"大城市病"有着割舍不掉的联系。对于受"大城市病"困扰的京津两市来说，人口与土地资源的矛盾正在激化。截至 2015 年，京津冀区域内常住人口总量为11142.4 万人，占全国人口总量的 8.1%，其中北京 2170.5 万人，天津 1574.0 万人，河北 7424.9 万人。而从人口密度来看，北京则由 1999 年的 766 人/平方公里增加至 2015 年的 1323 人/平方公里，天津由 1999 年的 764 人/平方公里增加至 2015 年的1315 人/平方公里，当前京津人口与土地资源的矛盾尤为突出。与之相对的是，河北 2015 年人口密度为 395.6 人/平方公里，甚至与 1990 年的 328 人/平方公里相距不大。

京津冀地区人口分布不均，京津过大的人口密度使得水和土地等自然资源匮乏，而水污染和土地污染又进一步加剧水资源、土地资源供给紧张。河北则普遍存在土地利用率不高、水土流失、土地沙漠化严重等问题。同时严重的大气污染不仅威胁人民的生命健康，更是对京津冀城市群的区域形象造成深刻的负面影响。

当前，京津冀协同发展过程中所面临的这些困扰，从某种程度上来说，带有一定的地域色彩，但又在某些方面深刻地映射出中国加快经济发展、推进新型城镇化建设中的普遍问题。对这些问题的反思与解决，不仅是打造京津冀成为世界级城市群道路上的必须要破除的障碍，而且更将有助于探寻到"新常态"下提振中国经济的根本之道。

作为经济新常态下拉动中国区域经济发展的重要举措，京津冀协同发展战略从提出之初就受到了政界、商界、学界等各个领域的广泛关注。关于未来京津冀的发展，不能仅站在北京、天津、河北各自的位置，而应该站在京津冀城市群整体的高度，甚至站在国家的高度，密切三地之间的经济联系和优化整体竞争力格局，积极推进并尽快达成将其打造"成为国际上具有较强竞争力和影响力的城市群"的历史性目标。

至少从新一轮京津冀协同发展的战略出台之前的形势来看，京津冀协同发展过程中一些新的尝试与改变必须应该予以重视并逐步落实。

其一，应该积极探索通过税制改革，建立 GDP 分计、税收分享制度，推动区域产业协同。对于北京来说，产业及功能的转移疏解有利于缓解北京的"大城市病"，但同时必然会导致其自身的经济增速下滑、财政税收流失，这也是在京津冀产业协同发展过程中，北京、天津与河北在推进力度和积极性上存在差异的根本原因所在。因此，为了提升北京对产业及功能疏解的动力，也为了更好地实现产业和功能在疏解地的更好发展，合理的税收分享以及 GDP 分计政策将能够起到积极的促进作用。

例如，对于从北京疏解出去的产业，在疏解的第一年所带来

18

的税收和 GDP 划定一部分比例仍计入北京该年的财政收入与GDP 之中。其后，随着年份的递增，疏解产业归属于北京的财政收入与 GDP 比例逐步缩小，直至一定年限内不再分享。采取这样的方式，不仅将大幅度提升北京的积极性，也能更好地利用并整合北京资源，帮助产业在疏解地更好地存活下去，同时也能给北京一定的时间，以实现自身产业的转型升级，培育新的经济增长点。

其二，应该逐步建立信息共享和服务对接平台，通过构建区内优质资源共享机制，推动公共资源均等化，缩小地区差距。系统解决京津两个超大城市功能与人口过于集中问题的重要条件和基础在于实现公共资源的均等化。对于优质人才而言，造成其流动的原因主要有三个方面：一是个人因素，包括收入、住房、家庭等；二是企业因素，包括企业文化、发展前景、管理制度等；三是社会因素，包括生活环境与民生保障等。目前无论从个人收入、发展前景、社会保障等多方面来看，河北与京津都存在着巨大的差距。

因此，在发展市场经济方面，将北京一些优质地区作为重点，将其经验与政策延伸至河北和天津。例如以中关村国家创新示范基地为代表，发挥其资源整合能力，在更大范围内探索科技引领、创新驱动的新模式。在社会公共服务方面，加快北京优质教育、医疗、养老等资源向河北迁移，通过实现医疗保险异地结算、职工养老保险互联、居民养老保险互通等方式，建立优质公共服务资源整合与共享的长效机制。同时，充分利用当前"互联网＋"和大数据等信息技术带来的科技红利，探索建立跨区域的信息共享平台。以服务对象的需求为核心，整合各类公共服务信息，例如人才招聘、行政手续办理等，促进在区内信息共享与对接，通过信息化手段更好地为实现地区一体化发展服务。

其三，应该加快步伐设立专门的区域协调机构，保证协同发展战略实施的长期性和有效性。协调机构的建立是协调区域间利益、实现区域资源优化配置的重要依托。目前京津冀地区协同发展面临的巨大困境之一，就是尚未形成有效的协调机制，建立专门的协调机构，因而导致行政与市场体制分割，三地互动不足。现行"分灶吃饭"的财政体制和单一的地方考核制度，使得京津冀三地政府无法在追求地方经济增长目标的同时，从区域发展的长远利益考虑，合理协调地区间的利益，整个区域的协调机制包括横向协商、纵向协调机制均尚未形成。

因此，应该由中央牵头明确并建立如"京津冀协同发展委员会"的纵向协调机制和专门的领导小组，从长远利益出发，保证区域发展的公平性和兼顾性。同时在省级层面，建立以"联席会议"等形式为依托的横向协调机制，对各地间发展进行充分自主、平等的交流与协商。

所以说，京津冀协同发展战略实施，就单一的角度而言，其关乎的是一个区域的崛起与发展。但是站在更高的层面来看，在这个区域里有城市与城市之间"难分伯仲"与"判若云泥"并存，"得天独厚"与"山穷水尽"夹道，改革与前进的步伐可谓艰难，却依然在努力尝试中为中国经济带来希望。

第二节 河北经济再出发

从 2015 年 4 月的《京津冀协同发展规划纲要》起，京津冀三地的统筹协同发展上升为国家战略，三地的发展逻辑在更大程度得以突破原来的行政区划隔阂，开始在更大的空间尺度共同谋划。河北迎来了发展的良机，这可能是自 1949 年以来河北遇到的最好的发展机会。

河北的发展建设，从来都不仅仅事关河北自身。由于在地理区位上环抱京、津，河北一直有着拱卫京津的功能，尤其是担当着首都的生态安全、社会稳定等多个层面的外围"护城河"之责。

紧邻京、津两个特大城市，河北的发展本应具备极大的地利之便。但长期的现实是，受制于原来的行政区隔所形成的"一亩三分地"的思维，区域内的市场要素未能像长三角、珠三角等那样，在城市群内快速流动、高效匹配。这种地理上的毗邻，没有天然地生长出有效而良性的传递、互动的机制。也因此，直到目前河北的经济社会的整体发展水平不高，与其地理优势仍有着明显的不匹配。

人为的行政隔阂，造成了一系列的治理问题。其中，首都长期以来的"大而全"思维，最终让北京变得越来越拥挤和低效。天津的经济社会发展到了一定的阶段之后，也在寻求着更大的腾挪空间。这种背景下，京津冀区域内的协同平衡，成为三地的共同诉求。当中，河北的发展，不仅事关河北，而且事关京津冀全局。

京津冀协同发展战略，是新一轮河北发展不容错过的战略机遇。在《中共河北省委关于制定河北省"十三五"规划的建议》中，京津冀协同发展战略将贯穿整个"十三五"建设进程。正如时任河北省委书记赵克志所言，"抓住京津冀协同发展机遇，实现河北又好又快发展，是党中央对河北最大的期盼，是河北最大的政治"。

"十三五"期间，河北将重点在城市发展、社会建设、产业升级、生态保护、扶贫攻坚等领域持续发力，在 2016 年已经奠定的开局基础之上，进入发展的快速道。

压缩的京津冀与放大的河北

2016 年是京津冀协同发展战略推进的第一个完整的年份。可以说，这一年的京津冀在交通、社保、环境等方面的协同发展，取得了一系列的突破进展。其中，最有成效的还是区域交通一体化层面的有力推进。

早在 2015 年 11 月，国家发展改革委和交通运输部印发了《京津冀协同发展交通一体化规划》，明确提出打造京津冀"一核、双城、三轴、四区、多节点"的总体空间布局，和一个"以首都为核心"的世界级城市群交通体系。

围绕这个城市群交通体系的建设，京津冀三地之间的轨道交通、高速公路、公交、航空、港口等不同层面的交通对接，正在有序地推进。其中，三地的城际轨道交通作为梳理现代城市群空间的重要依托，是三地交通一体化中最值得期待的。

国家发改委在 2016 年 11 月 28 日公布的《京津冀地区城际铁路网规划修编方案》中显示，将以"京津、京保石、京唐秦"三大通道为主轴，到 2020 年，基本实现京津石中心城区与周边城镇 0.5~1 小时通勤圈，京津保 0.5~1 小时交通圈。远期到 2030 年，在京津冀内基本形成以"四纵四横一环"为骨架的城际铁路网络化格局。

高速公路方面，京秦高速、密涿高速等在 2016 年内相继开通，三地还推动高速公路统一命名，以消除"一路多名"情况。根据《京津冀城乡客运一体化改革总体方案》，三地正在加快京津冀道路客运班线公交化改造。在北京市交通委牵头下，京津冀区域交通一卡通工作实施方案已完成制定，在 2017 年年底前实现三地所有公交线路的一卡通。此外，围绕机场、重要枢纽、2022 年冬奥会等构建的公交体系，也在 2016 年内启动推进。

随着轨道交通、高速公路、公交、港口、航空等一体化规划举措的出台和逐步落实，河北各节点城市和北京、天津两地的空间距离，将被不断地拉近。一个经济联系程度有效提高、物流成本明显下降、空间距离被明显压缩的京津冀越来越值得期待。

而伴随着京津冀的空间压缩，河北的价值也正在持续放大。河北虽然在空间上环抱京津，是三地中面积最大者，但它无论在经济体量、人均指标，还是社会发展水平上，都一直是三者中的短板。河北"环首都贫困带"的存在，正是这种区域内经济社会发展不平衡的鲜明表现。

然而，在京津冀三地中，河北的发展空间和潜力也无疑是最大的。随着京津冀三地的连接愈加紧密，三地间的资源要素流动将更加快速有效，河北长期积淀的资源和优势，如劳动力资源、土地资源、生态资源等，将会得到越来越多地释放，其发展潜力也将能够得到越多地放大。

河北转型的取舍之间

根据《纲要》，京津冀三省市的功能定位分别是：北京为"全国政治中心、文化中心、国际交往中心、科技创新中心"，天津为"全国先进制造研发基地、北方国际航运核心区、金融创新运营示范区、改革开放先行区"，河北为"全国现代商贸物流重要基地、产业转型升级试验区、新型城镇化与城乡统筹示范区、京津冀生态环境支撑区"。

　　北京已经不再有"经济中心"的定位，目前北京正在进行及未来将持续推进的是北京非首都功能向外转移，天津的发展也势必推动区域内的"腾笼换鸟"。在这个过程中，河北需要做好配套建设，为产业集聚、人口集聚做足准备。

　　但这也是河北目前发展中的一个重要问题。长期以来，在京津冀的城市群结构内，京、津都是直辖市，都是特大城市，首位度极高。而河北省内的城市，多为三四线城市，在城市和产业发展水平上，和京、津相比存在着无法回避的差距。

　　城市群的一个发展机制是，城市群之间在经济发展上形成错位互补、大小统筹的产业结构，这不仅要求城市群内部有一定的城市数量，还要求城市之间能形成一个有效的传导链。而这正是京津冀城市群一直存在的问题，特大、中、小城市之间无法构成有效的产业传导，河北的城市难以承接北京的产业。而那些不得不离开京津的企业，一旦无法扎根河北，就索性离开京津冀区域了。

　　城市群的发展规律要求河北成长出一批规模体量较大的二三线城市，作为承接京、津的产业外移、外溢的平台，延伸拓展、做大做强区域产业生态。因此我们期待的是，像石家庄、保定、唐山这些城市，在新型城镇化和京津冀协同发展战略的共同推动下，成长为产业基础雄厚、承接能力强的"二传手"城市。

　　与此同时，在第四次工业革命背景下，经济资源——尤其是科技创新资源的匹配路径，已和原有模式有了巨大不同。在新的路径里，全球资源的匹配、高新科技的利用、新兴产业的孵化，完全有可能发生在原来的边缘地区。北京的科技创新资源，完全有可能在河北的一个小县域里落地成长，为区域经济种下在未来爆发的种子。就像廊坊、固安这样的传统农业县，在过去几年里迅速成长，而华夏幸福这样的产业新城运营商，正在这里打造"全球技术商业化中心"。

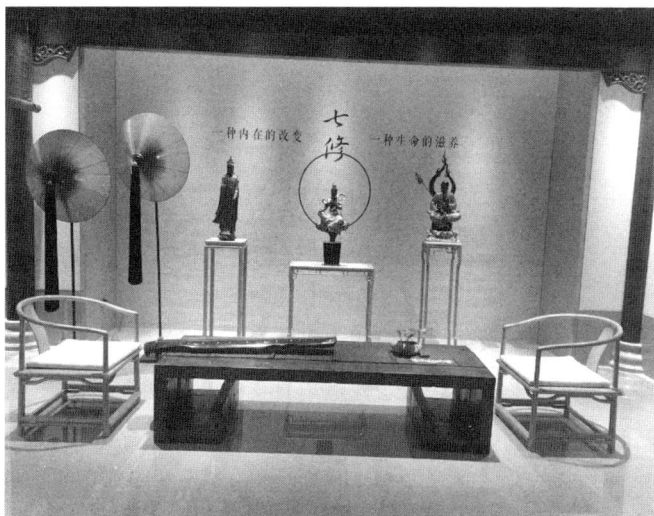

图1　河北廊坊新奥七修酒店　摄影：叶一剑

但也应该看到，这一轮转型发展中河北必然面临一系列阵痛。受制于薄弱的生态环境，河北的发展必须走一条集约式的发展道路。河北过去多年来积累发展的钢铁、建材、化工等优势产业，都面临着转型升级。在供给侧结构性改革的推动进程中，原有的落后产能将被整合提升或淘汰，而新的产业增量也会被不断注入。特别是化解过剩产能、推进科技创新、发展新兴产业，新旧动能转换、大气污染治理、精准扶贫脱贫和社会安全稳定等多个领域，需要河北在2017年以及其后的发展周期中持续发力，并取得明显突破。

第三节　河北转型的攻坚突围战

"我对燕赵大地充满深情。不只因为我在这块土地上工作过，更是因为这是一块革命的土地、英雄的土地，是'新中国从这里走来'的土地。"

2017 年 2 月 26 日，在习近平总书记"2·26"重要讲话发表三周年之际，习近平总书记再次前往河北考察生态环境保护和治理、推进脱贫攻坚和公共服务均等化等工作，并发表了上述讲话。

河北，因位于黄河以北而得名，地处华北平原，东临渤海，内环京津。自古以来，燕赵之地就是华夏文明起源和发展的核心地区之一。从历史的沿革来看，自元代以来，位于燕赵之地核心的北京一直是首都所在地，而河北环绕着北京，有京畿之地、畿辅之称，这种独一无二的地缘特征对河北的发展产生了深远的影响。

2017 年，全国两会的召开吸引了来自全球关注的目光。在中国经济进入"新常态"，改革和跨越齐头并进的当下，此次两会，一系列理念诸如"去产能""脱贫攻坚""创新驱动"等成为对目前中国经济变革发展中最鲜明的总结和方向。

而这些理念的实施与突破，同样是如今河北实现自身发展的关键。可以说，当前在河北这片土地上，面临着无处不在的困难和障碍，也集聚着无限可能的变革和机遇，河北的发展不仅关乎自身，更将为中国的区域经济发展带来指引和希望。

破解发展困境是河北实现突围的关键

河北省土地面积为 18.8 万平方公里，分别约是京津两地的

11.75 倍和 15.67 倍，2015 年年末地区常住人口密度为 395.6 人/平方公里，相当于京津的三分之一（北京：1323 人/平方公里，天津：1315 人/平方公里）。与之相对的是，2015 年河北省人均生产总值为 6463 美元/人，接近京津两地的三分之一。

地缘相近，却相差甚远。造成河北陷入如此困境的原因是复杂多面的。

其一，从地域文化特点来看，河北受传统农耕文化和人文地缘环境影响，商业意识相对不足，行政色彩和京畿意识较强。

在典型的封建农业社会进程中，重视农业发展，使得燕赵地域农业产量持续提升，保证了地域统治的稳定，奠定了农业发展的基础地位。时至今日，河北作为农业大省的贡献仍是不可替代的。但是这样一种观念导致河北省内的商业意识和经济观念较差，经济手段和经验缺乏，市场长期不够繁荣。改革开放以来，长三角、珠三角一带的迅猛发展，与其所具有深厚的工商文化底蕴有着一定的联系。从某种程度上来说，地域文化对地区经济的发展发挥着基础性的引领作用。

同时，由于政治地缘因素的影响，河北长期以来环绕京津，形成了一种先国家后自己、虽有不同而自觉协调、重义而轻利的和合精神。这种精神一方面为河北赢得了良好的口碑，另一方面使其京畿意识较为强烈，过于重政治而轻经济。

当我们步入河北地界，总是会看到"京津生态屏障""京津防护栏""北京水源地"等标语字样。可以说，河北省很多工程的建设与发展都在围绕北京而转。

对于京畿意识而言，并不能简单地将其归为褒义或贬义，在不同的时代背景下，这样的意识发挥着不同的作用。在特定的历史阶段，京畿意识所带来的向心力、大局观和政治意识对国家的发展与稳定来说，具有尤为重要的积极意义。

但由此产生的依赖性，导致河北地区自主意识和开拓精神欠缺，在推行改革开放，大力发展经济建设的今天，成为河北经济发展的阻碍。

其二，从经济建设特点来看，河北矿产资源丰富，重化工业占比过重，产业结构相对落后。

纵观世界经济的发展历程，往往会出现资源匮乏地区反而比资源丰富地区有着更强的经济实力的现象。也就是说自然资源的丰裕程度与经济增长之间呈现反向变化，这种现象被一些学者称为"资源诅咒"。其例证俯仰皆是，例如我国的中西部与沿海地带，世界版图中的拉非与欧美。

河北自然资源分布集中，已探明的各类矿产达120种，排在全国前五位的有34种，是国家确定的13个煤炭基地之一，境内有华北、冀东、大港三大油田，累计探明储量27亿吨。正是基于这样得天独厚的自然资源禀赋，加之商业化意识较为薄弱，河北不由自主地走上了"靠本地资源推动的内循环经济"和"靠政府主导的投资拉动型经济"的发展道路，依托资源禀赋发展的重化工业、制造业等成为其地方经济建设的重点，在公布的其省内排名前100的企业名单中，近九成来自于此。

2015年，河北省三次产业结构大致为12：48：40，第二产业比重过大导致其在世界经济陷入低迷的当下，经济增长乏力。更为关键的是，由此造成的环境污染，已让这块原本富饶和谐的土地成为众矢之的，不堪重负。

其三，从社会民生发展来看，河北地区城乡公共服务设施和基础实施建设相对落后，难以形成对高层次人才的吸引。

早在20世纪80年代，以罗默和卢卡斯为代表提出了"新增长理论"，这一理论的核心是将知识和专业化的人力资本引入增长模型，把经济增长建立在内生技术进步上，以此解释了经济增长的持续性和动力源泉。从某种程度上来说，人力资本所带来的经济效益远大于物质投入所产生的经济效益。因此，人才对于一个地区的发展来说，可谓至关重要。

反观河北，近年来，由于靠近京津，大城市产生的虹吸效应使得河北人口大量流失，地区高层次人才尤为匮乏。造成人才流动不外乎三个方面的因素：

一是个人因素，包括收入、住房、家庭等。2015年河北省城镇居民人均可支配收入为26152元，相当于北京（52859元）的一半，甚至低于全国平均水平（31195元），虽然北京近年来房价涨势迅猛，但是由于河北省内整体收入水平过低，短期对高层次人才难以构成吸引。

二是企业因素，包括企业文化、发展前景、管理制度等。2015年北京市存续企业数量约为120万家，河北省总计约为80万家，且二者间不仅数量悬殊，企业自身实力也存在着不小的差距。北京总部经济的带动，地区企业文化与管理制度的优越性不言而喻。

三是社会因素，包括生活环境与民生保障等。就河北现状来看，严重的空气污染成为其发展的最大阻碍之一，在环保部最新公布的2016年全国74个城市空气质量排名中，最差的后十位河北省占据六席，且倒数后四位均来自河北。近年来日益恶化的空气污染，加之同样相对落后的医疗、教育等社会保障，对于高层次人才来说，离开河北也许成为无奈之中不得不为之的选择。

把握河北当前发展困境的症结所在并非难事，也绝非坏事。河北发展过程中遇到的阻碍，也是中国社会发展过程中所存在问题的一个缩影，对这些问题的反思与解决，必将成为引领中国经济崛起腾飞的关键力量。

河北迎来两大历史性机遇

2014年京津冀协同发展上升为国家战略，将京津冀地区打造成为世界级城市群，成为中国经济步入"新常态"阶段最为关键的战略布局和发展目标之一。

对于京津冀地区而言，要实现协同发展，打造中国经济增长的"第三极"，必须要首先突破三大难题，即，如何在京津冀这个人口经济高度密集地区，通过有序疏解北京非首都功能、优化区域空间布局，走出一条既破解首都"大城市病"、又能带动周边发展、缩小区域差距的新路子；如何在京津冀这个资源配置行政色彩浓厚、市场机制作用不充分的地区，通过体制改革和制度创新，构建一套适合省际区域协调、合作共赢的新机制；如何在京津冀这个重化工业比重大、资源环境超载、产业结构调整升级任务艰巨的地区，通过加快产业转型升级，探索实现创新驱动发展的新模式。

可以说，解决这些问题的关键点和突破口均在于河北，在京津冀协同发展战略部署中，河北面临的机遇远大于挑战。

相较于受大城市病严重困扰的京津两地，河北在空间、区位等方面都存在着一定的优势，而京津冀协同发展战略的实施，也使得河北在经济、社会两大方面都迎来了巨大的发展机遇和提升前景。

从经济建设来看，京津冀协同发展将有助于河北优化产业结构，加快创新驱动发展步伐，实现产业转型升级。

由之前的分析来看，河北当前经济发展最大的问题就在于发展方式粗放，重化工业比重过大，经济结构以工业为主，工业以重化工业为主，重化工业又以初级的资源加工型工业为主。与之形成鲜明对比的则是 2016 年北京三次产业结构由 2015 年的 0.6∶19.7∶79.7，调整为 0.5∶19.2∶80.3，第二产业占比仍在下降，第三产业占比继续提升。随着非首都功能疏解的提出与落实，北京现在严控新增项目，不仅疏解存量，而且要求控制增量，由此逐步构建高精尖的经济结构，加快步伐发挥其地区人才资源优势，以创新驱动引领地方发展。由此来看，北京企业的控制和疏解必将外溢出一系列经济效应，带动河北地区产业的升级转型。

京津冀协同发展战略实施至 2017 年的这三年来，京津先进装备制造、新一代信息技术、现代商贸物流等产业逐步向河北转移，以北京现代汽车沧州工厂为代表，京津共有 12716 个项目落地河北。

值得一提的是，在科技创新方面，河北省实施科技园区、创新基地、转化基金、技术市场、创新联盟"五个共建"行动，三年来吸引 1350 多家京津高科技企业落户河北。同时，河北省与京津合作共建各类科技产业园区 55 个，创新基地 62 个，创新平台 157 个，共支持引进转化京津科技成果 550 个，仅 2016 年就有 6 项京津冀协同创新科技成果获国家科技进步奖，占全省获奖总量的 60%。2016 年河北吸纳京津技术成交额达 93.2 亿元，是 2013 年的 2.4 倍，年均增长 33.9%。

从社会民生来看，京津冀协同发展战略将有利于提升河北的公共服务水平，缩小区域之间的差距，为省内集聚人才。

《纲要》中将交通、生态、产业划定为三大重点领域，同时非首都核心功能疏解为基本出发点。在这样一份明确的实施方案中，随着对京津冀三地功能定位的明确划分，北京将逐步推动教育、医疗等公共服务的基本功能产业向河北搬迁转移。

对于河北来说，高校和医疗资源的引进比企业的入驻影响将更加深远。在医疗方面，以北京 301 医院为例，其将肿瘤治疗和研发等功能机构迁至涿州，建立研究基地，促进当地健康产业的发展。在教育方面，北京化工大学、北京城市学院、北京交通大学、北京工商大学的新校区（或分校区）都已落户河北，正在加紧建设。以北京交通大学滨海学院为例，其落地黄骅直接影响了北汽在沧州的选址，大学的引进对于地方来说，更是促进了一个产业链的形成与发展。

不仅如此，京津冀协同发展战略布局还将伴随着 2022 年京张冬奥会举办步伐的日益临近，对河北经济、社会变革产生乘数效应的巨大影响。2017 年 1 月，在农历丙申猴年即将落下帷幕的时刻，国家主席习近平将新年前走访的最后一站选在了张家口。可以说，冬奥会与京津冀协同发展战略一道，成为河北未来实现突破式发展的重要机遇。

在冬奥会的筹办过程中，建立以京张为核心的快速交通网络和完善举办地基础设施是工作中的重点，这与京津冀协同发展战略的目标与理念不谋而合。当前，京张高铁全线开工，崇礼铁路控制性工程已经开工。张家口宁远机场改扩建工程总体规划已完成修编，2017 年下半年开工。雪场输水二期、天然气、垃圾和污水处理等配套基础设施建设前期工作全面启动。

同时，在产业发展方面，京张冬奥会的举办，为河北与北京之间加强合作联系、促进互动交流，提供了最为直接的平台和渠道。围绕体育产业这一核心，河北将在酒店、餐饮、旅游、媒体、电信、交通、建筑等多方面打通与北京之间的合作互动。

纵观如今的燕赵大地，国家三大核心战略之一——京津冀协同发展战略布局于此，举世瞩目的体育盛事——2022 年北京冬季奥林匹克运动会花落于此，在众多千载难逢的机遇相互叠加之下，河北的未来尤为可期。

新时期河北的战略重点

当前，河北地区的发展不仅事关其自身经济、社会、民生的健康发展，更影响着京津冀地区发展的未来与方向。在目前京津冀协同发展战略和京张联合举办 2022 年冬奥会的大背景下，无论是从政策扶持还是从产业转型等各个角度来看，河北都处在最佳的发展时机之上。在这个过程中，河北省从自身出发，应该：

首先，统筹优化省内城市布局，大幅度提高城市建设水平。当前，与长三角较为合理的城市结构等级分布对比来看，河北省整体城市实力较弱，与京津差距过大，使其难以吸纳并承接京津优势资源。因而河北应重点规划并建设一批与世界级城市群相适应的次级中心城市、大城市、中小卫星城市。

同时，整合优势资源，集中力量打造区域核心城市，把石家庄培育为京津冀区域发展"第三极"。通过城市建设，达到因应京津、整体布局、科学发展的整体效果。在这一过程中，一方面迅速提高各类城市吸纳本地城镇化人口的能力，另一方面发挥地缘优势，强化城市宜居、生态和服务功能，大幅提高对京津人口的吸引力和容纳力。

其次，建立现代产业体系，以战略新兴产业为依托，打造地区优势产业。在京津冀区域内企业整体分布还不够合理，三地间产业梯度差距较大，互动不足。因此河北要发挥资源禀赋和后发优势，积极承接首都产业功能转移和京津科技成果转化，构建一批具有区域特色的产业平台，同时优化省内产业分工和布局，改造提升钢铁、石化、装备、汽车、建材等优势产业，大力发展战略性新兴产业，加快发展现代服务业，突出打造全国新型工业化重要基地和产业转型升级试验区，建成华北现代制造业基地、北方重要现代服务业基地和现代农业先行区。

最后，完善生态涵养保护工作，通过政企合作（PPP 模式）推动地区环保事业有序进行。当前，自然环境污染已经严重制约了河北地区经济社会的发展建设。实行绿色发展和完善生态保护是目前摆在河北地方发展面前最为迫切和关键的任务之一。绿色发展不仅仅是一种理念、一句口号，其更需要创新技术的支撑和大量的资金投入。从这方面来看，单纯依靠政府的力量，能达到的效果还相对有限。因而积极引进并吸纳社会资本和企业投入到地区环保建设中来，对河北来说将会极大地推动生态保护工作的快速发展。

自党的十八大以来，河北成为习近平总书记考察最多的省份之一，关于河北发展的定位与思路，习近平总书记在历次讲话中点出了三个关键。

一是"四个加快"，即，在对接京津、服务京津中加快发展自己，在改革创新、开放合作中加快实现新旧动能转换，在治理污染、修复生态中加快营造良好人居环境，在脱贫攻坚、推进共享中努力提高人民生活水平，加快建设经济强省、美丽河北。

二是"六个扎实"，即，扎实做好防汛抗洪抢险救灾工作，扎实落实新发展理念，扎实推进京津冀协同发展，扎实推进生态文明建设，扎实做好脱贫攻坚工作，扎实营造风清气正的政治生态。

三是"三个扎扎实实"，即，要扎扎实实推进去产能，要扎扎实实推进脱贫攻坚，要扎扎实实推进北京冬奥会筹办工作。

总结来说，当下的河北应该牢牢把握京津冀协同发展和2022北京冬奥会两个关键战略事件，通过改革创新、污染治理，实现绿色发展和脱贫攻坚两项历史性使命。

第二章　城市再造　变革未来

【导言】

关注城市这一典型的人类文明的空间聚落，除了观照现实的意义外，离不开从历史的语境中去梳理和体认，从而发现属于城市自身的意义。每一座城市都有其自身的发展脉络，并且不可避免地产生与其相邻的城市或空间聚落的关联意义，这也是城市所具备的社会功能属性。

在历史和现实的叙述体系中，城市有兴衰更替，有转型升级，在一个更大的空间话语体系中，城市的发展也就是区域的发展。在燕赵之地的河北，一省省会历经从天津到保定再到石家庄的变迁，在这一变迁的历程中，成就了处于交通枢纽位置的石家庄，那么在今天我们如何认识石家庄？同时，我们也不禁要思考，石家庄能否担当京津冀城市群"第三极"，尤其是像雄安新区这样的庞然大物在未来出现的时候。

除此以外，在京畿之地河北的区域历史脉络中，不论是处于游牧文明和农耕文明交界地带的秦皇岛、张家口、承德，还是作为北京门户的唐山与保定，都有其自身在特定历史时期的战略价值，而城市变迁的意义也正在于此，不断从政治、经济、社会、文化等维度去丰富其内涵。

在今天河北城市的现代化进程中，区域变革、产业变革、文化复兴、社会治理等多重因素，正在带给河北城市转型更多的考题，而其中经济结构对城市的形塑尤其重要，与此同时，其所引领的区域的发展更是关乎河北的整体转型和京津冀协同发展的未来。因此，对河北城市的案例化探析就变得很有必要。这些城市是河北转型的主战场，这些城市变革的成败也从根本上决定着河北省域经济转型发展的成败。

第一节　一个功能齐备的省会城市的诞生

自 2008 年起，石家庄开始"三年大变样""三年上水平""三年出品位"。三年又三年，石家庄终于不再掩饰自己的雄心壮志，正式提出要打造功能齐备的省会城市和京津冀世界级城市群"第三极"。

石家庄的战略目标在 2015 年得到了河北省决策层的官方确认。河北不仅在"十三五"规划中表示了支持，还为此出台了《关于支持省会建设发展的若干意见》。

2016 年 1 月 25 日，河北召开省会城市规划建设管理工作会议，专题研究部署省会建设发展问题。会上，时任河北省委书记赵克志指出，要实现河北全省协同发展、转型升级、又好又快发展，省会石家庄这个"火车头"应当首先"多拉快跑"，这个"发动机"应当首先"换挡提速"。

这样的文件和会议在河北历史上是第一次。这是石家庄作为"首府"打造河北政治、经济、科技、金融、文化和商贸物流"六大中心"的首度权威确认。

方塘智库认为，上述战略决策将对石家庄未来五年发展产生根本性的影响，将不止于石家庄产业转型升级、城市空间再次调整、正定新区申报国家级新区等诸多利好，或将重新书写石家庄的城市历史与命运，与当年被确立为河北省会具有同样标志性意义。

河北省会情定石家庄溯源

新中国成立伊始，开始了社会主义改造，随着国民经济恢复

图 2　快速生长的石家庄　摄影：叶一剑

工作的完成和大规模经济建设的开始，经济建设成为国家工作
重心。

在此逻辑下，从 1951 年开始，河北省党政领导认为当时的
省会驻地保定起不到"以工促农"和经济带动作用，因此对省
会驻地问题进行了多次研究讨论。他们首先看中了天津，不过该
提议被天津拒绝了。之后，石家庄又被纳入考虑范畴。

1953 年，保定的城市人口仅有 24 万余人，石家庄已达到 37
万人。在经济上，保定与石家庄也有很大差距——保定仍处于农
业经济时代，而石家庄则是近代工业化城市的典型，其现代化程
度虽不及天津，但在省内却遥遥领先。

1954 年，河北省政府向政务院请示认为，河北省自建省以
来，省会就设于保定市，该市虽经几年逐渐恢复与发展，但由于
建设工业的条件缺乏，将来也很少可能成为工业城市。而国家已

图 3 京畿重地保定 摄影：叶一剑

进入社会主义工业化有计划建设时期，省的领导重心必须转向城市特别是转向工业城市。省会设于保定，实难适应新的领导任务。但石家庄市地处平汉、正太两铁路干线的交点，工业比较发达，也将是全国重要工业城市之一，且为军事要地，在国家建设发展中，该市势必成为全省经济文化中心。为了便于领导工业推

42

动全省建设工作，特呈请将省会迁往石家庄市。

河北省政府同时还提出，省会搬迁势必要新建房舍，而石家庄系新兴城市，住房缺乏，所以采取自筹资金、逐年建设方法，到 1957 年正式建成。请示上报后，经华北局和国务院批准，同意搬迁。

1953 年，"一五"计划（1953～1957 年）开始实施，石家庄被列为国家重点城市之一。据此，国家批准了石家庄第一期城市总体规划（1955～1957 年）。石家庄一方面作为新兴工业城市和全国医药、棉纺工业基地进行重点建设，另一方面作为省会城市建设的规划方案得到政务院审核批准。为此，河北省成立了省会迁移筹建委员会，石家庄市成立了省会迁建办公室。

1955 年 7 月，"一五"计划由全国人大一届二次会议正式通过。河北省的"一五"计划在 1955 年 9 月正式通过，此时距五年计划的完成只剩两年时间，加上河北那两年遭受严重水灾，省会迁石需占用经费、精力等问题。1955 年 8 月，经省委多次研究，为贯彻中央"'厉行全面节约，反对一切浪费'，集中一切力量完成'一五'计划"的精神，决定省会暂缓迁石，停止迁建工程，节约出的资金用于粮棉增长。第一次省会迁移工作无果而终。

河北并没有就此放弃省会搬迁念头，他们又将目光转向天津。1956 年起，河北先后三次请示中央。此后，随着政治、经济形势及周期的不断变幻、发展，1958 年河北省会由保定迁往天津；1966 年 5 月搬回保定；1968 年迁到石家庄。

省会迁石后，到 1970 年后半年，河北省革委会又有迁回保定的动议。1971 年，此问题经中共中央政治局讨论时，周恩来总理批示，河北省会就地建设，不要再迁。毛泽东主席也曾就此问题表示，只要没有大的战争和意想不到的特大自然灾害发生，河北不应再打迁省会的主意，河北经不起这么折腾。

至此，河北省省会的搬迁问题才一锤定音，河北省会留在石家庄至今。

一度尴尬的"天下第一庄"

省会的几度搬迁使河北的政治、经济、文化等各方面发展受到严重影响。每一次省会搬迁后，都要重新进行建设。纵观石家庄近代城市规划与建设历程，石家庄"因路而兴"，城市空间格局受到南北向铁路的切割，导致桥东桥西两区发展不均衡，功能分区混杂。

自"一五"省会建设的"半拉子"工程后，其城市结构历经50多年没有改变，一直是摊大饼式发展，是小城市骨架在支撑大城市的发展，无法形成具有竞争力的、可持续扩展的空间体系。同时，多年来石家庄在城市规划上缺乏整体观念及市场经济意识，行政决策及官员意志带来的失误留下了诸多遗憾。

上述因素很大程度上使得石家庄城市首位度低，没有起到省级中心城市作用。近些年石家庄自身发展速度虽然很快，但放在更大格局中，其竞争优势相对弱化，向北对接不上京津，向南比不过郑州，向东落后于济南，综合实力存在较大差距，功能不完善、特色不鲜明、结构不清晰、辐射带动作用不强等问题突出。

此外，石家庄的城市意识、城市文化认同亦被认为存在问题。

新中国成立之初，大批工业项目布局落地石家庄，从天津、唐山、上海、高阳等地迁来一批职工；1968 年省会迁石，再次形成人口机械增长的一个高峰。同沪深等移民城市相比，石家庄这两次人口集中迁移都是国家统包统管。

作为新兴移民城市，石家庄的城市文化虽有包容基因，但市民素质参差不齐，城市意识淡薄，文化认同感缺乏，文化自信力不足。

到了1998年，为解决"左"和"土"的问题，应时任省领导要求，石家庄官方专门组织开展思想大讨论。时任市委领导分析称石家庄建市不过百年，文化积淀不厚，小生产意识浓厚，再加上是"一五""二五"重点建设的新兴工业城市，受计划经济影响较深，这一系列因素在市场经济条件下阻碍了石家庄的发展。

确实，"不叫不到，不给不要"曾很形象地刻画了石家庄乃至河北的保守。

又如，石家庄由最初的村名成为火车站名，又成为城市名，进而成为地级市和省会的名称。很多人曾调侃，中国叫庄的大城市仅此一家，认为石家庄这个名字土气，像"天下第一庄""北方第一大县城""中国第一农贸市场"等戏谑之词曾流行一时。舆论也曾几度炒作要给石家庄改名，此事甚至还一度成为省政协提案，成为争议热点。为此，石家庄官方曾发表声明称没有更名规划。

石家庄曾经的苦恼和京津冀协同发展的症结及本质是市场、政府两种力量在城市化、经济发展等问题上如何取得平衡，是否尊重城市和经济发展的客观规律。计划经济条件下中国城市发展以行政区划为主，城市只作为政治中心和工业基地发展，产业职能为主，城市首位度首先考虑其行政地位；京津冀各城市的发展也深深打上了政治逻辑的烙印。

在方塘智库看来，从现代城市发展趋势看，市场和政府混合主导型城市发展战略是必然趋势。城市作为公共产品与私人产品的统一体，需要市场与政府、自发性与目标性等综合力量推进。

20 世纪 70 年代以来，西方发达国家在解决逆城市化形成的城市产业空洞问题时，采取了政府主导型的战略对策。与此同时，二战以来实行政府导向城市发展战略的发展中国家，为矫正弊端，越来越重视市场导向因素，注重发挥市场力量。在这一趋势下，中国传统的行政区划经济和城市发展逻辑同样被打破。

省会城市建设与石家庄再出发

就现实而言，政府主导型城市化路径意味着省会城市获得了额外资源，必然具备更强竞争力。比如，交通功能是近代石家庄最先具备的基础功能和最具主导性的城市功能，此后又派生出商贸、工业、军事、管理等功能。随着作为河北政治中心的确立，石家庄经济、文化中心地位也逐渐形成，其城市功能也由过去以轻纺为中心的新兴工业城市向综合性、全面性、现代化的大都市迈进。

新时期以来，随着多元化地缘政治经济格局改变，一些省会城市在区域经济版图中曾一度被弱化，很多省曾出现"一省两极"态势，但这并不意味着削弱了省会城市的综合中心地位。

近几年，济南、合肥、郑州、西安等省会城市开始注重自身形象和知名度塑造，提出加强"省会意识"，打造"省会经济圈"发展战略，石家庄等城市还出现反超现象，这说明省会城市的资源优势开始得到充分发挥。

纵观世界城市化进程，在市场化、信息化和全球化等力量综合作用下，城市和城市群超越国家成为竞争主体。尤其在中国，城市群作为众多相同等级或不同等级的城市集合体，其内部各城市的发展以及城市群整体优势的发挥都需加强府际关系协调。

区域经济的发展和地方分权推动了地方政府间的竞争与合作，以经济协调为基础的地方政府间横向合作不仅有利于城市群的整体发展，而且有利于缓解城市群内部的不平衡，促进可持续发展。

据此逻辑，方塘智库认为，京津冀城市群深度整合的主要瓶颈还在于区域治理模式和水平。多年来，面对京津强势的区域环境，河北内部各地区间的恶性竞争时有发生，甚至同一地区不同县市相互拆台的现象也有存在。石家庄和省内其他城市也存在既合作又竞争的关系，并因此带来了各城市自身很多城市功能的变化。

在京津冀地区，石家庄的省会身份使得其从行政级别上来说比京津低一格，比其他地市高一格。但从协同发展角度而言，各城市都是平等的主体，市场也将最终起到基础性、决定性作用。因此，尽管跨行政区域的协同事宜推动确有难度，石家庄应积极主动放下身段，从服务和管理、消除各种体制机制隐形壁垒角度起到示范引领作用，寻求各城市府际合作，鼓励支持各种跨区域平台建设，逐渐实现京津冀内部资源共享；组织政府和民间的各种洽谈、研讨、对接、推荐等活动，以市场机制为引导，大力发展各种市场中介组织，完善中介体系，等等，为自身发展营造政治、经济、文化和社会等各种软环境。

同时，在方塘智库看来，城市是功能、结构和形态的统一体，其中功能起着决定性作用。对城市功能进行定位需从城市的历史及文化沿革、政治地位、经济基础、社会条件、资源环境、人口规模、区域位置以及与周边城市的极化扩散效应关系等多方面综合考虑。

城市的本质是集聚、扩散，极化和辐射也是城市发展壮大的必然阶段。最能体现城市集聚和扩散效应的就是城市功能。现代城市功能日趋多元化，加强对城市自身最具特色功能的挖掘，高度着力体现城市个性，将有限资源用到能够带来最大效益的地方，进而转化为独特竞争优势，就能使城市在区域中脱颖而出。

在各种功能中，经济功能是城市功能最基本最核心的组成部分，也是城市发展其他各种功能的前提和基础。城市经济基础不雄厚、不稳固，无法产生规模经济效益，城市竞争力和形象就无从谈起。

京津冀三地经济社会发展落差非常大，所谓协同发展或一体化最重要的是使落后地区尽快发展，缩小内部差距。省会是一省发展要素最集中、高等级要素最多的区域，"省会兴则全省兴，省会强则全省强"，这一特殊地位决定了省会城市必须发挥集聚、辐射作用。

据此，方塘智库认为，京津冀协同发展战略虽然将疏解北京非首都核心功能作为重要的战略方向之一，但该战略能否成功的另一个关键是要看河北发展，河北发展的关键要看石家庄。这就要求石家庄打破发展瓶颈，改变"小马拉大车"的局面，比全省水平有更高发展，资源配置、要素投入和经济产出能够产生"乘数效应"。

京津冀城市群的"二传手"缺位

中国经济过去三十多年的快速发展和快速的城镇化表现为同步推进的关系。2015 年中国城镇化率提升至 56.1%，特大城市数由 1978 年的 3 座增加到 16 座，千万以上人口的超大城市也从零增加到 6 座。城市成为我国经济社会发展的主要载体。

日本是除了中国以外设市标准最高的国家,然而 2014 年数据显示,日本每百万人拥有 5 个城市,而中国每百万人仅拥有 0.5 个城市。城市数量不足也是中国城市病产生的原因之一。

在这种情况下,2015 年年底,时隔 37 年,中央城市工作会议再度召开,为今后一段时期的城市工作规划蓝图。这次会议指出,必须抓好城市这个"火车头",把握发展规律,推动以人为核心的新型城镇化,发挥扩大内需的最大潜力,有效化解各种"城市病"。

与此同时,中国区域经济重心也正由传统省域和行政区经济向城市群经济转变,城市群成为区域经济发展的主要空间形态。全球化格局中,国家竞争力越来越取决于是否拥有若干综合经济实力强大的城市群。

但是当前我国城市群存在大而散、大而不强等问题,其根源在于内部缺乏协同效应、差异性大、行政区划分割及级别不对等、财税分灶体制、缺乏利益分享机制和有效治理组织等,造成资源重复配置、功能过度集聚、恶性竞争等问题。京津冀城市群问题尤为突出,行政配置资源色彩浓厚,优质公共资源高度集中,行政级别不对等,国有经济比重大等,成为三地实现协同发展需重点突破的难题。

事实上,到目前为止,我国区域合作层次主要是在市县两级开展,以省级为主体而开展的区域融合还不多见,也缺乏成功案例。因此像京津冀协同发展战略这样的社会经济发展战略,也将是复杂而艰巨的系统工程。

如何实现公平、高效、可持续的区域协同发展,京津冀协同发展战略的深远意义就在于率先改革,取得突破,取得经验,探索一种人口经济密集地区优化开发的新模式,促进全国区域协同发展。

因此，京津冀协同发展首先要明确核心、主导，并从基础设施、要素市场、产业分工、公共服务和环境生态等各方面积极推进一体化。

同时，世界级城市群都强调分工协作和资源整合，有高效的统筹协调机制：或借助于科学的区域规划，并以立法增强规划的权威性；或依靠各城市政府间的联合协商制度；或是民间自发形成的协调组织。

方塘智库认为，在一个多区域、多层次、利益分散化的区域协同发展中，单一政府（无论是中央还是地方政府）很难有效应对所有挑战，市场和社会力量的有效参与可以很好地弥补政府之手的不足，促进区域协同发展。

2015 年 4 月审议通过的《京津冀协同发展规划纲要》亦指出，要坚持"市场主导、政府引导"原则，着力构建有利于协同发展的体制机制。

所以，在京津冀协同发展过程中，要充分发挥市场主体功能，加快形成以市场化联结的内生机制，建立利益共享和补偿机制，尤其是充分重视社会组织力量，建立跨城市的非官方行业协调组织，如民间商会、民间智库、咨询机构、中介组织等，形成多领域、跨行业的多主体、多元力量构成的城市群协调机制。

而且，京津冀地区的城市规模断层问题一直是核心问题之一。目前京津冀城市群中，京津两市独大，但没有规模较小的二线大城市来作为"二传手"，将京津的产业链条继续延伸下去，并辐射到更小的城市里。

2015 年 7 月，继唐山、邯郸、石家庄、保定的城区面积和行政区划调整后，国务院批复同意秦皇岛部分行政区划调整，秦皇岛市区面积由原来的 512.6 平方公里增加到 2131.5 平方公里。此前保定、石家庄的城区面积已扩展到 2000 平方公里以上。这表明京津冀地区开始解决城市群的城市规模断层问题。目前京津两地都是人口在 1000 万以上的超大城市，但京津冀地区人口在 500～1000 万人口的特大城市还没有。长三角则拥有南京、杭州等多个特大城市。

除了人口规模出现城市断层，京津冀的经济总量也同样出现了断层。2015 年京津 GDP 分别为 2.3 万亿元、1.65 万亿元，河北是 2.98 万亿元。河北省内 GDP 最多的是唐山，仅为 6103 亿元，这意味着京津冀城市中 GDP 总量在 6500 亿～1.5 万亿元的城市缺失。在长三角，除了拥有上海这个 GDP 总量为 2.5 万亿元的城市，还拥有苏州、杭州、南京等诸多 GDP 处在 6500 亿元～1.5 万亿元的城市。

也就是说，未来京津冀协同发展中，除了让京津的引擎升级之外，城市群的传导机制建设也同样重要，而这必然需要在京津冀城市群中发展一批"二传手"城市，而这便是石家庄、唐山等河北城市的机会。而目前来看，致力于成为京津冀地区"第三级"的石家庄，其野心显然不仅限于此。

河北省域经济发展之困

2016 年 3 月初，河北专门召开新闻发布会，介绍《纲要》确定河北"三区一基地"功能定位后，该省科学编制了"三区一基地" 4 个专项规划。其中除产业转型升级试验区规划正在按程序报批外，《河北省建设全国现代商贸物流重要基地规划》《河北省建设新型城镇化与城乡统筹示范区规划》和《河北省建设京津冀生态环境支撑区规划》3 个规划已于 2016 年 2 月底正式印发实施，这标志着河北落实京津冀协同发展战略取得重要阶段性成果。

随后，2016年3月底4月初，时任河北省委书记赵克志、省长张庆伟率领规模庞大的河北党政代表团接连赴"改革开放第一方阵"浙江、北京、天津三省市学习考察。

2016年4月5日，《河北日报》开始刊发系列文章。当日该报直指，河北一些地方转方式、调结构之所以步伐缓慢，与其说缘于包袱沉重、任务艰巨，不如说是缘于思想保守、理念滞后，"对一个地方来讲，其成败得失、发展快慢，关键是取决于理念，特别是决策者的理念"。

京津冀协同发展战略的定位和目标之一是打造世界级城市群，这就需要河北各界具备国际眼光和宽广视野，在京津、全国甚至国际范围内筹组资源，打破行政壁垒，引导资源合理流动。河北作为一个相对落后的省份，其城市指挥系统如何适应一个更加复杂的城市群发展，目前看来值得深思。所以在2016年4月5日，《河北日报》还提出，要学习浙江全省上下争当"店小二"的工作作风。

从历史角度考察，河北曾一度陷入包括京津、中央在内的"三地四方"复杂博弈中，其发展策略是围绕借力京津还是自主发展、重点是环首都还是沿渤海摇摆不定，这深深影响到河北整体竞争力的提升。

河北本地学者认为，长期以来，受京津分割和计划经济影响，河北未能形成全省上下协调、互动、可持续的区域经济体系，特别是南北经济联系比较薄弱，客观上存在冀东、冀北、冀中、冀南几大区域经济板块。为此，河北提出立足于京津冀和环渤海地区协调发展，加快培育石家庄、唐山两大中心城市。

方塘智库认为，京津冀协同发展战略的关键之一是河北的城镇化问题。2015年，河北城镇化率达到51.3%，低于全国水平。为此，河北"十三五"规划提出，城镇化进程要进一步加快，全省常住人口城镇化率要达到60%左右，户籍人口城镇化率要达到45%左右。

2016年，时任河北省长张庆伟分析称，河北城镇化率明显低于全国水平，已成为制约发展的重大结构性问题。建设京津冀世界级城市群，承担起打造全国新型城镇化与城乡统筹示范区的任务，需要河北尽快补齐城镇化短板。近年来，河北城镇聚集产业和人口的能力持续提高，承接北京非首都功能疏解也将带来大量城镇就业机会，这些都为河北加快城镇化发展提供了有利条件。

此外，与京津相比，由于行政区划等原因，河北存在县城多、设区市少，城市规模等级不健全和空间格局不合理等问题。不合理的城市等级体系导致区域内社会经济发展水平存在较大差异，中小城市发展滞后，环京津贫困带问题长期无法解决，成为制约京津冀城市群协同发展的短板。为此，首先要从区域布局进行合理规划，使河北城市空间发展趋于合理；其次要从结构布局研究各类型城市，使城市本身的结构形态逐步得到改造。

省会石家庄与京津冀"第三极"

按照《纲要》的空间布局，石家庄的定位处在京保石产业发展带和城镇聚集轴上，位于南部功能拓展区，是京津冀城市群的区域性中心城市之一。

不过，在部分人看来，作为河北省会，从经济、政治、区位和人口等诸多方面来看，石家庄不应仅仅局限于区域性中心城市这一角色，而应抓住机遇，加快产业转型升级，实现经济跨越赶超，提高核心竞争力，在河北发展中一马当先，力争成为京津冀城市群"第三极"，与京津一起带动整个地区协调快速发展。

事实理应如此，京津冀协同发展是一项长期任务、系统工程，不能搞齐步走、平面推进，必须集中优势兵力，汇聚优势资源，实现重点突破。

当然，对石家庄而言，冲刺京津冀"第三极"并不意味着达到与京津同等级别的地位，三者不是并重关系，而是协同发展关系。

目前，石家庄已具备较强的经济产业基础，周围 200 公里范围内又没有大的中心城市，因此应以石家庄为中心，与卫星城建设、产业布局相结合，建立分工合理、职能明确的城市集群和产业集群，以"大石家庄"为重点形成省会都市圈，使之成为环渤海经济区的另一个子系统，最终形成京津石的三角发展区域。而且石家庄所处的冀中南相当于一个中等省的规模，该区域的发展不仅仅是河北自身的问题，也是京津冀协同发展战略的重心之一。

2014 年，国务院同意河北调整石家庄部分行政区划。调整后，石家庄市区面积扩大近 4 倍，市区人口达到 467.4 万人。随着主城区的不断扩大和正定新区的建设步伐加快，届时石家庄将从河北各城市中脱颖而出，率先步入特大城市行列。

在《关于支持省会建设发展的若干意见》中，河北亦明确提出，在土地政策上，按照石家庄区划调整后城市发展需要，追加规划建设用地规模，支持石家庄综合保税区扩大用地规模。年度新增建设用地计划指标向石家庄倾斜，允许石家庄开展补改结合试点，实现占优补优，充分利用、合理开发耕地后备资源，实

现占补平衡，支持石家庄率先开展低等地占补指标折抵中等地占
补指标试点。正定新区内耕地占补平衡可在全省范围内统筹协调
解决。支持石家庄探索盘活存量土地开发模式，提高土地使用
效率。

但也有河北发改委官方人士表示，城市建设和面貌不是石家
庄的主要问题。其主要问题是经济总量太小，产业层级低下，创
新能力不足。并且城市转型升级不仅仅是区划调整就能实现，能
否实现产业支撑更为关键。石家庄近十年的主攻方向应是努力整
体提升聚集高端产业要素和创新能力，改善生态和发展环境。

在方塘智库看来，城市是一个复杂的巨大系统，融合了政
治、经济、社会、文化、环境各要素，其发展建设也是一个历史
性的过程：既有物质建设，又有管理运营；既有制度设计，也需
多方决策；既要做好规划，也要执行到位；既要设计科学，也要
使用合理。

与此同时，方塘智库认为，京津冀协同发展战略的背后是思
维方式、行为方式、发展模式的深刻改变。在京津冀协同发展过
程中，包括石家庄在内的河北各城市一方面要纠正"以慢代稳"
的思想误区，另一方面应着力优化投资环境，避免眼睛只向上
看，一边对京津开放，一边在省内不同行政区间筑起隐性壁垒或
为引资、承接产业转移搞恶性竞争。

在中国，一个城市的发展上限在哪里，往往是看国家总体的
功能定位。换句话说，你能走多快，是自己的本事，但究竟能走
多远，得由国家说了算。当然这不是说政府具备"点石成金"
的本领，中央对一个城市的定位，很多时候只是顺势而为：你有
怎样的资源禀赋与现实地位，一般就会给你相匹配的功能定位，
如果不是，就会导致资源错配，怎样都难以做大做强。

此前，时任石家庄市委书记孙瑞彬在接受媒体采访时曾表示，目前石家庄已具备了快速发展的一切条件，就看能不能抓住机遇、主动作为，把难得的历史机遇变成现实的发展优势。

身处巨大机遇之中，石家庄能否担当重任，需要时间和实践检验证明。

第二节　唐山的重塑

尽管唐山 GDP 依然在河北省各市排名第一（2014 年为6225.3 亿元），但在很多人的眼中，这显然是一个前途越来越堪忧的城市。

空气的污染不仅让这里的居民越来越难以忍受，而且被描述为京津冀地区最大的污染源，甚至殃及华北。就像历史上的雾都伦敦一样，这一印象已经以一种口碑的形式流传于外界，并有可能使唐山被贴上历经多年都很难摆脱的污染之城的标签，这对唐山的城市形象、招商引资、人才集聚等方面都会产生深刻影响。

一度承载唐山光荣与梦想的曹妃甸，经过十几年的开发狂奔，经由 2008 年全球经济危机一役以及中国经济周期调整的影响，一度陷入内外交困，直到今天还在消化存量的发展痼疾；而其庞大的空间体量，哪怕是用十年的时间维度来看，也未必能够实现从园区经济到成熟的城市经济的转型升级。如果唐山将资源过多投放于曹妃甸，其有限的投入对整个曹妃甸的开发投资需求而言，可谓杯水车薪，而且从战略机遇期来看，也可能贻误整个城市经济的转型机遇，错失大消费时代和京津冀协同发展背景下区域休闲经济的红利。

作为产能过剩最具代表性的行业之一——钢铁产业，当年给唐山带来了多少经济红利，后来就给唐山带来了多少转型压力，直到 2016 年，唐山不仅面临企业转型动力不足、失业压力剧增、财务成本巨大的困境，而且在转型方向和路径的寻找方面亦没有太多选择。面对全球性的产能过剩，其本地钢铁转型升级的技术和人才储备又不够，而在引进人才和技术的过程中，环境问题又成了唐山的最大软肋。

图 4 河北唐山烂尾地产项目 摄影：叶一剑

一如全国很多城市一样，作为上一轮房地产开发热潮的主力军之一的商业地产，在唐山也难逃宏观形势的冲击，惨淡的惨淡，烂尾的烂尾，停工的停工，热闹过后，可谓一地鸡毛。面对如此困境，单靠唐山的消费市场无法消化这些库存，单靠唐山的资本无法激活这些沉淀的资产，单靠唐山的运营团队也无法盘活这些项目。而一旦需要打开视野面向全球引资、引智、引消费力的时候，环境问题又再次成了瓶颈。

这还不是唐山城市经济面临的全部境况。2014年的数据显示，石家庄的财政收入第一次超过唐山（一般公共预算收入唐山为 323.7 亿元，石家庄为 343.5 亿元，且从增速上来看，差距还在继续拉大）。这不但反映了唐山经济结构太单一、太硬、太传统，而且还让我们不得不开始思考，在这场目前看起来有点此消彼长意味的河北城市经济竞赛中，如果唐山不能尽快找到新的产业依托和经济增长点，不仅事关本轮经济转型的成败，而且可能彻底失去转型机会窗口，成为中国的底特律，演变成一个中国式城市经济体系统性崩溃的故事。

毕竟，目前我们正在经历的新一轮经济转型升级和产业结构调整，是全球性的、根本性的和颠覆性的，包括唐山在内的全球城市经济体都在经历新一轮挑战：转型未必能够成为新经济的翘楚，但不转型一定会被抛弃。只不过对唐山的决策者而言，旧经济的转型成本更高，在被动淘汰旧经济产能和寻找新经济增长点之间，平衡更难把握。

可以说，与唐山类似的中国城市经济体正在遇到的困境，唐山在经历；其他城市没有的困境，唐山亦在经历。过去百年来唐山所经历的与中国大时代密切相关的历史演进历程，以及过去十年唐山所经历的大起大落与争议，再加上世界园艺博览会的全球营销传播，唐山不仅早就名声在外，而且成为全球性经济转型背景下中国城市经济转型的典型样本，广受国内外媒体关注。成败之间，早就不只是唐山一城一己之事，更是关乎对中国产业结构调整和城市经济体转型的整体性判断。

当然，对于看似乌云密布的唐山而言，并非没有阳光照进来的可能，而且阳光甚至就在云层之外，只是需要拨云见日的战略意识和勇气。

在方塘智库看来，无论是京津冀协同发展战略、大消费时代休闲经济的爆发式增长，还是世界园艺博览会从事件营销到基础设施乃至会展经济的沉淀，甚至看似日薄西山困境重重的钢铁产业，都蕴含着技术、互联网和行业跨界带来的发展机遇。

只是，面对这样一个转型和变革的大时代，重塑唐山需要一个具有全球视野、时代洞察、产业认知、立足现实、切实可行的战略规划和系统性解决方案。这不仅要对传统发展模式的积弊进行化解，更要立足于对唐山未来城市经济发展的路径进行求解。

艰难的转型升级平衡术

已经不是第一次有这样的感慨了。2017年之前，我（叶一剑）从北京坐高铁去唐山，也就是一个小时的车程，结果出车厢的时候不止一次感觉到空气中的异味，对此当地人早就习以为常，还会顺便对唐山的空气调侃一下。

之所以说感慨，是因为对于一个常住北京的人来说，如果到另外一个城市说能够闻到空气的异味，多半会被嘲笑——在很多人看来，北京早就成了"雾都"和"霾都"的代表。

基于此，我们的一个判断是，唐山本轮的转型看似是经济下行的压力，其实比经济增长下滑影响更大的可能是空气污染和环境恶化的口碑。比如，在朋友圈里，大家一听说你在唐山，多半会说，"去那里干嘛，污染那么严重"。

在传统的经济发展模式之下，依托矿产或者钢铁这样的传统产业的粗放式增长，就可以为区域和城市带来快速的经济增长和庞大经济体量，并进而可以修建宽阔的马路、高大的标志性建筑和最大尺度的城市广场，等等，而这些也确实是之前很多城市竞争力最重要的体现。

在这样的发展模式中，可以没有太多的技术含量，空气污染、环境恶化甚至个人生死在巨大的财富诱惑面前都变得不重要。在这个阶段的财富积累中，对高素质人才的依赖是不大的，对环境的依赖也不大，其发展理性往往表现为不惜以牺牲包括环境和生态甚至是人力资源素质为代价来换取高速的发展。

但是，新的经济发展阶段和新的经济发展模式下，对技术、人才、环境的依赖将越来越高，包括传统经济转型也是这样。在城市经济层面看，宜居、宜游、宜业成了城市可持续发展最重要的支点。

在此背景下，对于今天唐山的决策者而言，不但要面对和其他地方所需要面对的包括产能过剩在内的城市经济转型压力，而且更有可能出现的情况是，当迫切地需要引进先进的技术、高素质的人才、高消费力的游客时，发现其最大的瓶颈竟然是环境和空气。而无论是对环境的治理还是对空气污染的控制，不仅过程复杂，牵涉利益复杂，而且其效果滞后性往往使城市眼睁睁错失转型良机。

有些危机在来路上就已经注定，只是被忽视太久了，或者是一直没有去直接面对，直到不得不直接面对。现在，包括唐山在内的很多中国城市的决策者都需要练就城市转型平衡术，需要立足于城市的综合转型发展，进行短期、中期和长期的综合性思考，显然这一路道阻且长，甚至可能举步维艰。

不过，唐山市显然没有第二条路可以选择，而且这个问题也不能一直拖延下去。在环境问题越来越成为公共议题以后，哪怕没有来自省里或国家环境改善相关部门的监督，当地市民对环境问题的意识觉醒，也会越来越直接地要求政府加强环境治理，这将比行政监督来得更快更不可回避，甚至会引发广场抗议或街头政治。

在现实的困境之下，对于唐山的决策者而言，必须要做的至少包括以下方面。

其一，鲜明而果断地告诉本地政府、企业、民众和国内外媒体，空气和环境治理必须做而且马上做，并制定出明确的时间表和配套措施，树立转型的信心，表明转型的决心。

其二，委托专门的机构，就环境治理对城市经济可能带来的震荡和冲击进行测算，并制定出系统解决方案，将目标和任务进行具体的拆解和分配。

其三，基于唐山现有产业结构和全球产业发展趋势，对唐山的新兴产业发展进行战略定位和策划，制定更具体的招商引资计划，直接锁定招商引资对象，谋定后动，并进行产业在城市新的空间集聚进行规划。

其四，至少从全市层面启动"重塑唐山"城市振兴计划，针对城市、经济、产业、社会等多个层面，在全球宏观经济形势、产业发展变革、京津冀协同发展、大消费时代崛起等多种背景下，进行总体性、系统性的战略规划和策划，统筹协调多种要素的变革，并针对文旅、钢铁、现代制造等产业设立产业发展引导基金，通过市场的力量促进转型。

是的，哪怕是简单地思考一下，也可以感受到这种转型安排的复杂性。而且，这样的转型没有政府的参与和主导是不可能成功的，而只有政府的参与也是无法完成的。比如，对唐山的钢铁企业来讲，在目前的环境下，转型是必然选择。转型未必成功，但不转型必死无疑，当务之急不是等待和观望，而是打开视野，寻找到适合自己的转型方向和转型思路。

这是一场只能进不能退、原地踏步也是退的变革。对任何城市决策者而言，都需要立足于人的角度来思考城市发展，如果本地市民的环境意识觉醒会将环境和空气问题快速演变成公共事件的话，那么，外来人口将在很大程度上决定唐山能够在自己的转型道路上走多远。

其背后的逻辑是，如果环境没有改善，就无法吸引高素质的人才，也就无法快速地推动新兴产业的发展，没有新兴产业的发展，就更无法弥补过剩产能淘汰所带来的经济损失。但受迫于产能过剩和环境治理的压力，过剩产能还必须要进行淘汰。

在此逻辑之下，就像其他城市一样，唐山的转型不能仅仅立足于本地资源和市场来思考，一定要统筹考虑本地市场、京津冀市场、环渤海市场、全国市场乃至全球市场，在互联网和大交通时代，这是机会也是宿命。

比如，在京津冀地区休闲旅游市场大爆发的情况下，如果唐山没有整体性的环境改善，就无法分享这一轮旅游经济红利，进而失去一次城市经济发展转型的机会。

所以，在这个情况下，唐山上下就需要一种面对最艰难转型的勇气，并以此勇气去化解最困难的问题。现在是一个艰难的历史时期和历史时刻，也是非常难得的城市重塑的机会。相较于底特律当年的转型环境和氛围，唐山显然具有更多的选择空间，而且可以更便利地利用全球的资源和资产配置寻找到一条最佳的转型之路。

丰南文旅中心区的逻辑

这几年，我（叶一剑）多次往返于北京和唐山之间，回想起自己将近十年前第一次到唐山和曹妃甸时感受到的发展震撼，再到多次前往丰南区（从产业逻辑上我提出将南湖片区纳入丰南文旅中心区的规划范围，下同）调研的经历，这两个地方成了我们观察唐山城市经济发展的两个最重要的立足点。

从长期来看，曹妃甸会有一个不错的城市发展前景，只是需要一个更系统、更具战略视野和更具可操作性的解决方案，比如基于港城互动发展的国家级新区规划。曹妃甸可谓是唐山的一个大未来，面对这个大未来，唐山只是还需要学会等待。

另一个就是丰南区。经过上一轮的城市扩张和房地产经济的发展，在我们所圈定的 22 平方公里的片区内（我们冠以丰南文旅中心区之名），已经沉淀了比较成熟的基础设施和公共服务配套设施，再加上一些或已经开张（比如，运河唐人街、韩国城等）或暂时搁置或烂尾的文化、旅游、商业项目，一个针对都市中产阶层的周末休闲度假区的雏形已经出来了。

在方塘智库看来，如果能够在统一规划、专业运营、整体营销、统筹管理等战略思维和解决方案上有所突破，这里有望成为京津冀地区都市家庭周末休闲度假的首选之地。

所以，基于我们之前对丰南区及南湖地区现有资源禀赋的调研和分析，我们提出，可以考虑在该片区打通文化旅游商业等资源，将该地区打造成为面向京津冀都市家庭消费者的周末休闲度假首选目的地。

之所以有如此判断，主要是基于如下几点观察。

第一，在新的消费时代，包括唐山在内的城市人群的消费习惯和方式在发生改变，传统的百货商场和购物中心已经难以满足城市人口的消费体验需求，需要有新的更综合的消费体验空间，并具有更大尺度的休闲环境做支撑，唐山城市商业格局将迎来空间重构。

第二，都市中产人口休闲度假消费迎来爆炸式增长，周末游和周边游市场快速崛起，而无论是京津冀地区还是环渤海地区，专门面向家庭周末两日游的休闲度假产品都是稀缺的，背靠一个这么成熟的区域市场，包括唐山在内的京津冀地区很多城市都需要在此基础上思考新的休闲产业定位和城市功能配套。

第三，景城互动发展越来越成为城市和旅游发展的必然选择，唐山也是一样，无论是从存量基础设施和文化商业项目困境的消化，还是面向未来的城市转型发展，都需要整体思考城市和旅游的互动发展问题，并在新的城市功能完善和空间布局上做出安排。

第四，京津冀协同发展虽然从中央到地方都在推动，但文化、旅游、商业可谓是最市场化的领域，也是最具有消费者主动选择属性的领域。对这个庞大市场的承接，目前还没有形成既定格局，这就意味着谁早行动谁机会更大，谁晚行动谁就没有机会。而唐山无论是空间距离感、基础设施互联网，还是现有项目资产沉淀以及城市底蕴积累来看，都值得一搏，更何况这还直接牵涉到唐山的产业结构调整和经济转型升级的路径选择。

第五，世界园艺博览会的举办地南湖，未来作为唐山城市旅游市场的价值是非常值得期待的，通过举办一些体育赛事，比如南湖徒步、骑行、小帆船、马拉松等活动进行旅游业态嵌入，保证老百姓都能参与，把城市生活和游客体验相互融合。

目前，京津冀区域内非常缺乏这样的综合体验地区，新的唐山城市空间规划，应该充分考虑到这一地区与唐山文旅商产业发展的互动关系，这就是我们提出的丰南文旅中心区的概念。

所以，在方塘智库看来，在多重背景和利好之下，唐山丰南文旅中心区可谓是唐山转型的新想象，亦是京津冀休闲度假目的地打造的探索之一。

一个超级休闲符号的诞生

当然，直到目前，无论是唐山还是丰南区都没有形成城市旅游的超级品牌，还没有形成核心的城市名片，对外印象不深刻，反而大家一提到唐山就会想到污染。这是唐山从一个传统的工业城市向一个多元的现代都市转型的最大障碍。

在方塘智库看来，如果唐山希望完成本次转型，一个首要的前提就是从全市层面思考城市休闲度假产业的发展，并将这一产业培育纳入到整个城市经济转型升级和产业结构调整中去，毕竟唐山发展城市休闲度假产业第一需要具备的条件就是好空气，每年空气质量的良好天数至少在京津冀地区要排在前三名。

对一个休闲度假目的地而言，除了整体性的环境优势外，还需要一个休闲度假的超级符号的出现。比如当年的迪拜，在老酋长开始为当地的石油经济感到担忧并将打造一个世界级旅游休闲度假目的地作为新的发展目标时，首先想到的就是要用迪拜的石油财富、最新的科技、最富有想象力的设计以及最颠覆性的营销等，在迪拜创造一个人工的地标，以此震撼全球。

帆船酒店就是在这样的背景下诞生的，甚至在其还没有正式迎客的时候，就已经为迪拜的城市转型做足了背书，直到今天迪拜的休闲度假产品体系已经很丰富的情况下，帆船酒店依然是这里的一个超级符号，是几乎所有国际游客必看的一个旅游目的地。

迪拜的经验值得包括唐山在内的很多传统能源城市和工业城市学习，尤其是一些并没有太多休闲度假产业基础和基因的城市。所以，在我们考察了丰南区文旅中心区片区以后，让我一直耿耿于怀的就是，如何能够在这里找到或塑造一个休闲度假的超级符号。

好消息是，在互联网时代，如果营销到位，完全可以在很短的时间内，通过一个创意引爆一个产品，并通过一系列的产品组合，引爆一个地区。

比如秦皇岛最孤独的图书馆就是一个非常好的例子，尽管很偏僻，但是稀有，又有故事，迎合了时代的一种情绪，所以大家都愿意跑去看，这也是互联网时代带来的改变。只不过，在这个最孤独的图书馆周边，并没有更丰富的休闲度假体验产品，更谈不上产品体系的构建以及针对区域休闲度假的营销服务。

当然，秦皇岛的案例不是我们讨论的重点。常规而言，一个超级休闲度假符号可以以许多形式体现，一座建筑，一种文化精神，一个广场，一个城市综合体，一家书店，甚至是一场演出。但不管怎样，这个超级符号背后一定是一种超级体验，这种体验应该是独一无二的，就像迪拜酋长对帆船酒店震撼全球的期待。而且这种超级体验应该是超越纯粹的物质层面的，代表着一种生活方式或一种休闲精神。

与一个超级符号的诞生密切相关的是，这个超级符号的打造，应该是依靠市场力量还是由政府包办。我们目前看到太多的城市打造本地超级符号的时候，往往选择了政府的大投入。

但是，在方塘智库看来，超级符号的诞生，或许可以通过政府的力量来实现，但我们更相信由企业来完成是更现实的路径选择。如果这个企业能够在丰南区做出一个超级符号，也就是做出唯一的效果——想要体验这个产品就必须到丰南区来体验，比如韩国城。如果丰南区的这个超级符号成功了，很多问题就会迎刃而解。

当然，这就要求这个企业具备超高的资源配置能力，把这个产品的体验做到非常强才能成功。

而且，之所以说我们倾向于由企业来完成，是因为除了这个超级符号之外，还需要营造一个区域的多层次体验氛围。就唐山丰南文旅中心区而言，需要充分围绕京津冀都市家庭人群周末休闲度假目的地的定位，进行多元化的体验产品的打造。

比如，我们可以这样想象一下这一区域的体验产品构成。一旦目标游客是一家三代来丰南文旅中心区过周末，那么就要求有面向小孩的产品，有面向老人的产品，有面向女性的产品等，在不同时间点有不同的产品来满足一家人所有成员周末两天的需求。

基于目前这一区域的项目基础，未来针对唐山丰南文旅中心区的产品打造至少可以包括一城（韩国城）、一湖（南湖）、一街（运河唐人街）、一台戏（利用丰南区剧院引进一场演出）、一酒店群（需要在目前的酒店基础上，引进一些主题酒店，打造多元的居住体验）、一赛事、一节庆、一乐园，等等。

不只是唐山的丰南文旅中心区

在方塘智库看来，对于丰南文旅中心区来说，可能有一些项目会被打造成超级符号，但只有个别的项目是不能撑起整个丰南文旅中心区的发展的，需要发动一批企业牵头做这样的事情，甚至需要有全国或者全球性的知名企业入驻，才能带动整体产业的发展。

在此背景下，相对于房地产这一更多立足于本地消费市场所勃兴的产业而言，在以文旅商为特点的丰南文旅中心区如果希望吸引更多外部资本和企业的介入，那就必须首先将该区域的消费市场定位放在一个更长的消费半径来表达，并需要政府将文旅商产业发展的环境和平台做好。

所以，唐山今天如果要发展文旅商等城市综合产业，思考半径一定不能局限在丰南区和唐山，而应融入京津冀和环渤海地区，甚至是全国和全球范围，此外还要有差异化思考以及综合运营的能力。

当然，唐山丰南文旅中心区的第一个消费半径是唐山本地消费市场和本地存量商业资源和商业资产，这也是未来该区域发展的基础，是其最基础的可行性来源。尽管唐山目前已经有了较多的城市综合体和购物中心等业态，甚至可以说，与全国很多城市一样，商业项目都面临过剩。

和其他很多城市类似，唐山存量的商业项目和空间，在功能和体验上都已经无法很好地满足新消费时代的消费体验需求，而且在既有场所和空间进行适应新消费体验的改造，不但成本很高，而且很多的案例显示此路不通，所以才出现了越来越多的城市综合体和购物中心关门大吉的情况。

更重要的是，如果说既有商业中心的投资人还可以从单个项目的投资回报的角度思考现有项目的改造的话，那么，对唐山市政府而言，需要做的是从一个城市经济体产业结构调整和新兴产业培育的角度，来思考既有城市商业业态的发展区域在城市空间的布局调整。

在方塘智库看来，与其鼓励既有商业中心和商业综合体投资商在既有场所和空间进行小尺度的改造和重生探索，不如鼓励大家集聚到一个新的城市空间，用存量商业力量带动更大的商业力量的集聚，进而谋求唐山市商业力量在京津冀地区的话语权。而且，在新的城市空间融合文旅业态，形成文旅商互动发展的态势，向京津冀、环渤海乃至更大半径的消费市场要效益。

所以，在方塘智库的思考中，丰南文旅中心区不仅仅是一个商业中心，其功能也不仅仅是旅游和购物，而是唐山的一个新的城市空间构成，同时在这一区域的人口构成中，将更多地体现出一个开放的新城区的氛围。

这样的好处之一是，可以让本地的文旅商业态一方面获得本地消费者的涵养，而且，流动人口的消费更是为这些业态提供了无限的想象空间。

也只有这样，才能为一个区域注入持续不断的发展动力和活力，而这也正是我们对丰南文旅中心区这样的城市新空间进行产业、城市和消费等定位的最基础的逻辑。

在此逻辑之下，唐山丰南文旅中心区对唐山城市经济转型的价值，不仅体现为产业结构调整中新兴产业的培育，更体现为通过新兴产业与城市融合发展，拓展并完善唐山未来的城市发展空间，从一个工业唐山、钢铁唐山，向生态唐山和美丽唐山转型，重塑唐山的经济影响力和品牌影响力。

第三节 百年沉浮张家口

21世纪初，美国人何伟从北京出发沿着明长城遗迹一路自驾西进，随后写了《寻路中国》，其中用寥寥数笔描绘了河北境内杀胡这个地方，他不无感慨地说："那些防御工事最为密集的地方，可也最寂静无声"。

何伟一语双关，这不但指张家口作为旧时军事要塞的颓败，也指作为商贸集散地的衰落，这其实是20世纪中叶以后我国沿长城一带北方边镇堡城最普遍的镜像。大浪淘沙，凭借边口贸易而兴的张家口，在清末民初成为重要的商品集散地，乃至于是中蒙、中苏物资和商贸的重要通道。

然而时过境迁，昔日因商贸兴起的重要节点城市转而依赖能源经济，并且在近年来同国内大多数资源型城市一样，面临产业转型升级的迫切诉求。

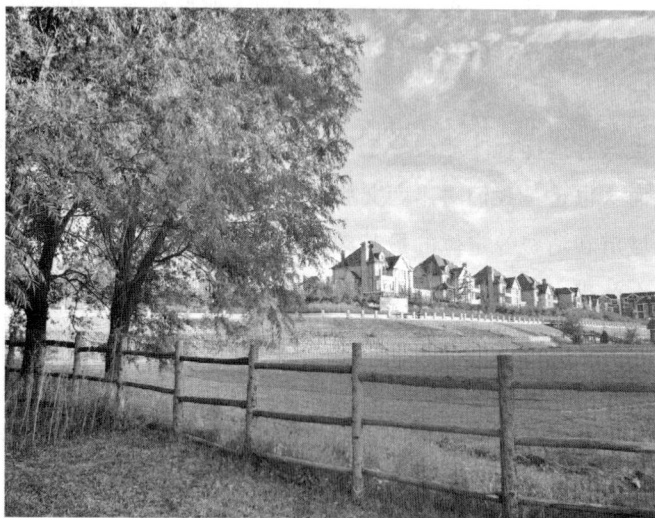

图 5　张家口房地产市场火爆　摄影：叶一剑

随着京津冀协同发展战略的推进，2022 年京张冬奥会的举办以及"一带一路"倡议的深入，位于京西北的张家口迎来新的发展机遇。在发挥京津生态保护带职能和承接京津产业与人口外溢的同时，如何在原有的产业基础之上进行转型升级，以及在河北省整体战略定位中确立其在区域内的产业分工，将成为张家口未来十年内的重要发展命题。

百年兴衰张家口

"风梳着莜麦沙沙地响，山药花翻滚着雪浪，走半天见不到一个人，这就是俺们的坝上。"这是 20 世纪 50 年代汪曾祺在张家口的赋诗，其中意象正是张家口的写实景象。在《长城漫忆》中，汪曾祺如此描述："塞外无霜期短，但关里的农作物这里大都也能生长：稻粱菽麦黍稷。牛马羊鸡犬豕都有。张北的张北马、短角牛都是有名的"。

图 6　大好河山张家口　摄影：叶一剑

如同中国北方所有的农牧交互区域一样，那些长在昔日草场上的外来耐旱作物，在很长一段时间内占据了张家口人的胃，此外还有部分食草动物提供了很大一部分人体所需蛋白质，这里俨然既有草原文明的深刻烙印，也有久远的作物种植历史。

从地形上看，张家口处于高原与平原的过渡区域，使其成为蒙古高原进入华北平原的重要通道。从区域位置看，位于冀西北的张家口东南连接京津，西北与内蒙古相邻，西南与山西相连，境内长城遗迹迤逦东西。作为在后世有"陆路商埠""旱码头"和"皮都"之称的张家口，其因明代隆庆年间蒙汉"茶马互市"而兴，并在清末民初成为重要的商品集散地，乃至于中蒙物资和商贸的重要通道。

据成书于清光绪年间的《蒙古志·卷三》载："茶市以张家口为枢纽，货物辐辏，商贾云集。蒙古人之转移执事者亦萃于斯，自秋至于初春，最为繁盛，所至骆驼以千数，一驼负四箱，运至恰克图，箱费银三两。其进口货则以牲畜皮毛为大宗，黄油酪酥次之，羊毛与驼毛额数尤巨，皆道天津而转输外洋者。"

清末张家口已经发展为中国北方仅次于天津的第二大商埠，与南方的广州并称为中国的"陆水双码头"。其实以今天的眼光来看，张家口的繁荣在于位处由京入蒙的交通要道，无论是早期的张库大道（张家口—库伦，库伦即今蒙古国首都乌兰巴托），还是清末的京张铁路以及1918年张库公路的通车，都使得张家口成为区域内的商业贸易中心。

然而，当长城作为农业区与牧区政治经济隔离带的功能退却，北方的边口民族贸易逐渐移至国境线，对于张家口来说，其商贸辐射半径缩短，甚至退守到长城以内，张库之路成为历史，甚至汪曾祺在此写下"长城给我一个很悲凉的印象"。

其实，清末民初张家口的经济繁荣不只在于商贸，还在于随着1909年京张铁路通车而兴起的工业。当由畜牧、农耕以及商贸所组成的生计模式遭遇资源型经济，凡冀、晋、蒙、陕、甘等省份的长城沿线地区和城市均获得新生，而同样境内煤、铁等矿产资源丰富的张家口成为典型的资源型城市，发展造纸、水泥、金属制品等重工业，一度成为华北重要的工业城市之一。

然而，进入21世纪后，随着全球经济下行，我国经济步入新常态，"去产能"成为发展的关键词，资源型城市面临产业转型升级。张家口也不能幸免，尤其是作为河北省重点扶贫区域（其下辖的 13 个县中有 10 个国家级贫困县），当高消耗资源不再能支撑地方经济，张家口的产业转型升级也就顺势而来。

重新成为京西北的商贸集散地

张家口位于京津冀和晋冀蒙两个都市圈交汇处，市区距北京 180 公里，距天津约 340 公里。随着京津冀协同发展战略以及新型城镇化战略的推进，在京津冀交通一体化的过程中，张家口逐渐形成集公路、铁路、航空于一体的现代立体交通网。

无路不成城，路网结构决定了特定区域对内对外的通达性，不管是历史上张库商路的开辟还是京张铁路的通车，都成就了张家口作为京西北最大的商贸枢纽中心的地位，而近年来，张家口的过境高速公路迅增，无论是从京入疆、入藏、入晋，还是通往河北省会石家庄、承德等地均畅通无阻，同时实现省政府提出的"县县通高速"的战略性目标，更不必说为首都环线高速公路与绕城高速公路所覆盖。

除了纵横的公路网之外，过境的京包铁路在此设有张家口站和张家口南站，此外建成并运营的铁路还包括张唐铁路、张集铁路、丰沙铁路、大秦铁路、沙蔚铁路、宣庞铁路及企业铁路专用线等，而随着 2019 年京张城际铁路的开通，张家口将融入首都半小时经济圈，这将使得张家口成为东邻环渤海地区、西接大西北地区的区域铁路客货运输中心，并且是连接东亚和蒙古国、俄罗斯、欧洲的亚欧大陆桥的重要通道。

2015 年 4 月 30 日，中共中央政治局会议审议通过《京津冀协同发展规划纲要》，其中对河北省的功能定位是"全国现代商贸物流重要基地、产业转型升级试验区、新型城镇化与城乡统筹示范区、京津冀生态环境支撑区"。

京津冀协同发展战略重点在于河北省整体上承接京津的产业转移，其中涉及河北省的产业转型升级，并且打造全国现代商贸物流重要基地，以此疏解北京的商贸物流功能。张家口在今天的交通优势无疑会使其重归区域内重要的商贸节点城市，这也使张家口成为河北省省内重点建设的五个物流枢纽城市之一。

如此看来，在京津冀协同发展战略、2022 年北京 – 张家口冬奥会以及"一带一路"倡议等一系列机遇下，一方面张家口在当前商贸物流产业发展基础之上进行更新升级，除了建立物流信息平台，还应着力完善现代化的物流基础设施以及提高从业人员素质等；另一方面仍要出台相关产业发展政策，促进壮大商贸物流业的发展，这将使得张家口市在未来成为京西北的核心城市。

当然，至关重要的是建立物流园区。有鉴于当前张家口本地物流企业规模均较小，难以有效提供物流一体化的服务，因此规划建设大型的物流园区就很有必要，以此整合物流企业与相关资源，从而打造张家口的重要经济增长极。

除此以外，得益于地缘优势、交通通达性及商贸传统，张家口在一系列的国家战略背书下有望重列"商贸之城"，尤其是在京津产业转移的背景之下，张家口更应承接源自京津的现代服务业等绿色产业，一方面出于生态主体功能区的定位，另一方面在纳入首都半小时经济圈之后，据守京西北门户的张家口其商贸属性将会被重新激活。

特别是在京津的产业转移与人口转移的双重带动过程中，比如一些在京高校选址于张家口境内（如怀来），将集聚大量的人口与产业。据有关数据显示，在 2016 年，张家口社会消费品零

售总额就已达 683.2 亿元，同比增长 10.5%，而在未来其增长
空间将更为广阔。

　　其中，张家口市区商业以大中小超市、中高档专卖店和专业
店为主，包含有中高档品牌等现代商业业态的集群式购物中心也
有分布，主要是以百盛商场和张家口银座为主，涉及业态主要包
括百货、餐饮、娱乐等，此外位于京张之间怀来县万悦广场的打
造，将使其成为京西北最大的文化旅游商业贸易综合体。

图 7　河北怀来万悦广场　摄影：叶一剑

2017 年 10 月 12 日，万悦广场作为新消费、新服务、新风口的典范进入中央电视台《市场分析室》栏目。基于一个建筑体或物理空间的生活服务和产业服务创新具有无限可能，关键在于对时代的洞察，基于洞察对项目的战略定位，基于战略定位对产品的策划设计，基于产品策划设计对资源的市场化和国际化配置。

这是我们方塘智库和高建英先生一起提出万悦广场作为文化旅游商业综合体战略定位的核心逻辑，而且从商业空间到公共空间的迭代升级，将赋予万悦广场更普遍的引领性。如此，万悦广场也将凭借区位优势与丰富的业态内容成为辐射周边市县以至范围更广的商贸物流中心。

张家口应发展绿色产业

在 2015 年出台的《纲要》中，对河北省整体功能定位的主旋律是生态，主色调是绿色，2017 年北京市新总规出台后，划定京西北 300 公里范围内为生态涵养区，而位于京西北上风上水的张家口必然要走一条绿色经济的发展之路，也因此无论是张家口自身的产业转型升级还是承接京津的产业转移，其所遵循的要旨皆在于生态与绿色。

其中，关乎张家口的产业结构调整，有鉴于张家口属于典型的资源型城市，因此河北省提出"以退促进"，以期在"十三五"期间基本实现"无矿市"的目标要求，同时在 2016～2019 年有序推进宣化钢铁产能压减工作，直至整体退出。

至于"进"，是优化布局、延伸产业链条，做强做优以高新技术改造升级为途径的装备制造业，以文化创意和品牌带动为依托的绿色食品加工业和日用轻工业，努力实现产品由低端为主向中高端为主转变。

其一，发展高端装备制造业等战略性新兴产业集群，以新型园区模式助推张家口经济转型。其中，园区发展要走专业化、集约化、特色化发展道路，要重视产业之间的互补性，加强产业间的相互协作以及上下游产业的衔接，形成富有竞争力的产业链条。譬如，在张北大数据云存储基地形成产业集群，打造"中国数坝"。

其二，大力发展现代服务业。张家口自然环境优美，森林覆盖率达 36%，为京郊著名的"氧吧"，兼之文旅资源丰厚，以崇礼四季小镇、怀来恒大运动休闲乐园等高档次的景区建设为载体，推动体育、文化、旅游、通航等产业的融合发展，加快形成全域旅游新格局。大力培育医疗康养、信息安全、电子商务、金融物流等现代服务业，打造京津冀现代服务业后台基地。

其三，借势冬奥会发展冰雪产业。随着 2022 年京张冬奥会在张家口的举办，奥运经济将对举办地的经济与社会产生强大的推动力量，张家口的国际知名度和影响力也将迅猛提升，极大地推动了投资环境、基础设施建设及奥运相关产业的跨越式发展。

如此布局，必然会促进张家口产业结构的调整，其中冰雪产业将为张家口注入新的发展活力，尤其是其境内张北、赤城、沽源、康保等地将会组团成为继哈尔滨之后新的冰雪圣地，而位于京张之间的怀来，依托万悦广场打造冰雪产品展销中心以及全球旅游商品研发展销中心等项目，势必会带动张家口冰雪产品的全产业链条，而冰雪产业在未来的几年里也将成为张家口市的支柱性产业。

其四，大力推进绿色增长战略，通过绿色升级改造实现降本

图8 河北张北草原天路 摄影：叶一剑

增效。由于从国家层面在张家口创建可再生能源示范区，深入开展新能源、非常规水和工业余压余热的应用，充分利用张家口可再生能源资源丰富的优势，提高风电、光电、生物质发电在工业领域的应用比重，提升煤炭清洁高效利用水平，降低燃煤占工业能源消耗的比例，推动工业用能结构向清洁化发展。

如此，在方塘智库看来，未来的张家口必然是以绿色产业为主导，并确立其自身在京津冀区域内产业分工中的位置，这也不独是河北省其他市县需要加以思考的地方，任何时候区域内的产业分工都需放在首位来分析。

第四节　重新发现秦皇岛

如同国内的厦门一样，秦皇岛也承载着文艺青年们的梦想，

78

万青的《秦皇岛》多年后或许还会在海上飘荡，关于历代皇帝们在此驻跸的故事也当流传不息，就像进进出出的船舶一样。

自光绪二十四年算起，距离秦皇岛开埠已将近 120 年，从一个小渔村到运煤码头再到世界第一大能源输出港，到今天成了名副其实的旅游城市，秦皇岛经历了多少沧海桑田，见证了多少风流人物。

这为秦皇岛留下了丰厚的人文历史遗迹，港城的故事，许多年后人们还会谈起，那些凑成意象的人与物，如山海关、北戴河、秦皇岛、碣石山、老龙头、海港、船舶、海鸟以及过往游客，一切也都独属于港城。

随着全球经济下行，我国经济步入新常态，秦皇岛的产业结构也面临调整，旅游业在秦皇岛市委市政府的计划中将要成为港城的基础产业，随着 2017 年 9 月 18 日在秦皇岛市第二届河北省旅游产业发展大会的举办，秦皇岛的文旅产业将迎来新一轮的升级。而要成为宜游、宜居、宜业的城市，秦皇岛还有很长的路要走，这对河北省其他市县也具有借鉴意义。

山海总关情

从北京站或北京南站搭乘高铁一路向东，经唐山到北戴河也不过两个小时，这大概是从北京出发去看海最适宜的路线了。夏未尽，秋未来，北戴河不见雨，只有白浪滔天，几条系着缆绳的游船随波起伏，浅海里戏水的人们无不眉开眼笑。

往事越千年，年年都有追古忆昔的人，就算秦皇魏武今尚在，也挡不住一出名为《浪淘沙·北戴河》的实景演绎。斗转星移，距离诗人有感而发 63 年的夏末，以"打造世界一流滨海康养旅游度假区"为主题的第二届河北省旅游产业发展大会在秦皇岛市拉开帷幕。

秦皇岛大概是人们对于河北是沿海省份模糊却又直接的印象，事实上，河北拥有近 500 公里的海岸线，除了秦皇岛外，唐山与沧州都是沿海城市。但是长久以来，河北一直困在"沿海的身份，内陆的经济和观念"难以自拔。

从今天来看，无论是唐山还是沧州，都在看向海洋，曹妃甸新区和渤海新区的价值日益凸显，其中最为外界看好的便是港口经济。不过在某一时期，论历史，论地位，论贡献值，唐山港和黄骅港都难与秦皇岛港比肩。

因帝号而得名，举国也就只有秦皇岛，甚至与陕西同简称为"秦"，或也叫"港城"。早在 1898 年秦皇岛就被清政府辟为商埠，也是我国首批沿海开放城市。对于昔日拥有世界第一大能源输出港，有国民经济"晴雨表"之称的秦皇岛市来说，其港口历史文化自然极为厚重。

这与其向海而生不无关系，作为我国最早发展海洋旅游经济的地区之一，秦皇岛辖下的"夏都"北戴河更是声名远播，尤其是北戴河集聚了大批疗养院，因海而生的旅游产业成为北戴河地区的经济支柱。近年来，随着南戴河与东戴河以及位于昌黎县境内黄金海岸的开发，秦皇岛俨然是京津冀区域围绕海洋发展旅游业获益最多的城市。

同时，作为京津冀辐射东北的节点城市，秦皇岛的战略价值不仅在于海洋，还在于陆地。从地理位置看，秦皇岛市北依燕山，东接辽宁，西接京津，这也是旧时中原王朝与东北少数民族必争的战略要地。明洪武十四年，中山王徐达奉命筑城修墙，创建山海关，以此防范关外铁骑，屏障京津。

然而，两三百年后，随着清军入关，此后几百年间山海关大概只存在于戏文与传说中了。直到 1933 年，中日山海关战斗后，山海关沦陷，日军由此入关。至今，导游在向游客讲述解说词的时候，还会向他们示意留在城墙上的弹痕。

逝者如斯，昔日的"天下第一关"山海关军事功能早就退却，沿着城墙边不知何时栽种的树木也已亭亭如盖。作为秦皇岛市的重要旅游目的地，在 2017 年，游客在旺季只需花费 40 元人民币就可站在城墙上抚今追昔，欣赏书法，拍照留念。

2015 年 10 月，山海关景区 5A 级资质被取消，这也意味着山海关在提高旅游服务质量的同时，也需要考虑门票经济是否是长久之计的问题了。

相比于"天下第一关"，老龙头长城连山接海，蔚为奇观，游人如织。但是，无论是水质还是海洋地形，都使这一景区未能成为受游客认可的海水浴场，所以在老龙头景区并未形成如北戴河等滨海景区的旅游业态，自然也少有人在此过夜。

值得一提的是，在山海关城区，也主要是以快捷酒店居多，高品质的酒店或民宿产业并未得到相应发展。同样，在北戴河区，虽然出现了长租和短租的业态，但是鲜有高品质的品牌民宿。换言之，秦皇岛旅游业整体来说仍未摆脱门票经济的逻辑，其业态依旧聚焦于大众旅游消费市场，并且呈现出旅游淡旺季的分化。

康养旅游在秦皇岛

秦皇岛虽然在行政区划上属于河北，但从地域、语言以及文化层面来看，其与东北更为接近（比如在考古学中属于辽西文化），不过气候却迥然有异，一到冬季常有东北人入关在此避寒。其实，秦皇岛较为温和的气候在于受到海洋影响，春季少雨干燥，夏季温热无酷暑，秋季凉爽多晴天，冬季漫长无严寒，因此秦皇岛港也素有"不冻港"之称。

秦皇岛名誉等身,先后被评为国家园林城市、全国十佳生态文明城市、中国北方最宜居城市、中国最佳休闲城市、中国最具爱心城市、中国最具幸福感城市等。作为近代中国旅游的发源地,秦皇岛依托于海洋资源以及长城文化景观等发展旅游经济,其市场半径从京津冀区域起,辐射全国乃至全球。

作为京津冀区域重要的旅游资源聚集地,如何在现有基础上寻求发展空间,对于秦皇岛来说,面临的考验非常之大,不但要回应国内旅游消费市场的变革,还应放眼量风物,洞悉全球海洋旅游产业的发展趋势。

作为第二届河北省旅游产业发展大会的承办地,秦皇岛旅游产业借势抬升的关键在于如何定位的问题。因此,河北省立足于康养旅游产业的发展前景,以"秦皇山海、康养福地"和"要想身体好,就来秦皇岛"为 slogan,意图将秦皇岛打造成为世界一流滨海康养旅游度假区。

其实,秦皇岛的疗养业态早在新中国成立之初就已成型,尤其是北戴河有"夏都"之谓。当我国步入体验旅游时代,以及随着近年来大健康产业的勃兴,旅游消费升级伴生下的康养旅游产业也顺势生长。据此,秦皇岛营造总面积达 2000 平方公里的"京东山海康养旅游度假区",涉及 23 个乡镇、394 个行政村、71.83 万人,并且形成"一廊、双环、七个组团"的布局。

除此之外,对于秦皇岛来说,最为重要的是丰富海洋旅游的业态。当前,秦皇岛逐渐形成海洋馆、海水浴场、海上观光旅游、康养旅游等业态,但依然呈现出产品结构单一、旅游淡旺季分化明显以及旅游综合服务能力不足等问题。

事实上,秦皇岛已然意识到问题所在,在着力完善旅游配套设施的同时，也在不断提升旅游公共服务水平以及创新旅游产业发展模式，进而推动旅游产业向全域、全季、全业态的发展。在此之中，除了大力发展海洋休闲产业之外，作为 1990 年北京亚运会和 2008 年北京奥运会的协办地，秦皇岛的海洋体育产业却发展滞后，令人称奇，而被山东青岛后来居上。

所以，在方塘智库看来，针对近些年青岛海洋旅游经济的扩张与围堵，秦皇岛若要扳回一局，不但要重新梳理区域内的海洋文化旅游资源，还需研判国内外海洋旅游产业的发展动向。

山海总关情，秦皇岛因海而生的资源禀赋，包括港口文化、港城文化、山海文化、长城文化等。那么，在体验经济时代，抓着一手好牌的秦皇岛一方面需要超越门票经济的商业逻辑，深耕海洋休闲、康养旅游、邮轮旅游、海洋体育、海洋节庆以及港口旅游等业态；另一方面还需着力打造适宜现代服务业的政商环境，全面提升旅游综合服务能力。

与此同时，在旅游消费升级的背景下，秦皇岛需要深入研发以海洋文化、长城文化以及非物质文化遗产等为元素的文创产品，并在老龙头景区依托于中国长城文化研究中心，打造海洋特色旅游商品与长城特色旅游商品等研发展销中心。

此外，秦皇岛需要进一步推进海洋民俗馆、海洋博物馆的建设与完善，丰富海洋旅游业态，并且在有资源优势的沿海区域发展渔村、渔港旅游，带动民宿、酒店、餐饮以及金融等现代服务业的全面发展。

秦皇岛的未来

有鉴于秦皇岛将要打造世界一流滨海康养旅游度假区，大力发展康养产业，需要注意的是康养产业不但要求适宜的气候条件，同时还需要匹配较高的空气质量，甚至关乎该区域内的产业结构。2016 年，秦皇岛 GDP 达 1339.50 亿元，三大产业比例为14.6∶34.5∶50.9，第三产业对经济增长的贡献率达到 61.1%，而其中旅游产业总收入 495.52 亿元，增长 36.7%。

但是，相较之下，秦皇岛第三产业占比远低于京津，这还不包括秦皇岛市港务局的贡献值。随着唐山港与黄骅港的崛起，大连港、青岛港以及烟台港的竞争力上升，秦皇岛港的相对竞争力大减。同时，秦皇岛工业体系中依旧涵盖建材、金属压延、化工以及机电等高耗能、高污染的产业。

当我国经济进入新常态，供给侧结构性改革持续推进，秦皇岛也在加紧调结构、促转型。2016 年，秦皇岛继续深入实施"生态立市、产业强市、开放兴市、文明铸市"发展战略，装备制造业增加值增长 9.5%，占规模以上工业的比重达到 45.3%；高新技术产业增加值增长 15.1%，占规模以上工业的比重为38.3%。

除此以外，秦皇岛高耗能投资得到有效控制，同比下降7.7%；高新技术产业投资稳步增长，环保产业和新能源产业投资分别增长 130% 和 47.2%，其中新能源发电占全市发电量比重由 2015 年的 0.1% 提高到 1.9%。

整体而言，秦皇岛的产业增加值不仅体现在数字上，而且也像京津冀区域内的其他城市一样反映在空气质量上。

而且，秦皇岛凭借冷暖相宜的气候成为早期关外移民的必经之地与定居地，并因靠海的区位优势、适宜人居的气候条件以及房地产的投资逻辑等，一度引发京津当地人或投资客在此买房的热潮，这也在某种程度上促成了秦皇岛市餐饮业的繁荣。

当然，其中最主要是服务于各地来秦皇岛旅游的 4218.04 万国内外游客（2016 年数据），这对于一个拥有 307.32 万人（2015 年数据）之众的城市来说，从事现代服务业的人数还是相对欠缺。秦皇岛还需要不断调整产业结构，落实"三去一降一补"的供给侧结构性改革，重点发展第三产业。

值得一提的是，近年来，秦皇岛市委市政府将旅游产业视为"首要产业、基础产业"，提出"全年、全市、全方位发展旅游，全产业融合旅游"的工作思路，因此秦皇岛先后被国家认定为"全国旅游产业综合改革试点城市"和"全国智慧旅游试点城市"。

这也意味着秦皇岛市的定位不只是旅游城市，而且是以旅游业等现代服务业为产业基础的港城，不仅宜游，而且要宜业、宜居。那么，对于秦皇岛来说，如何来承载持续扩张的现代服务业和人口规模，必将是眼下以及未来重点关注的问题。

此外，在我们看来，秦皇岛的海洋不但属于游客，也属于市民。超越门票经济，还海滨于民，这既是体验旅游时代的诉求，也是延展城市公共空间的必然要求，从而使秦皇岛真正成为一个具有生活气息的海滨旅游城市。

上午在奥体中心体育场看一场华夏幸福足球队的集训；午后在海洋公园的亲水空间里游戏一番；晚上饭罢，或携妻儿，或引朋伴，漫步在海边，听潮涨潮落，说几件趣事，或无关紧要的事。

至于冬天，则可去张家口，泡泡温泉。

第五节　承德困境求解

提起承德，经典的总结是"承德具有生态、区位、资源、文化四大优势，但还没有转化为经济优势"。不少人关心，为什么时至今日，承德仍稳居京津冀各地市后列，深陷在缓慢发展的周期中难以自拔。

确实，承德面积达 3.9 万 km²，超过台湾地区（3.6 万 km²），是北京（1.6 万 km²）的两倍，天津（1.2 万 km²）的三倍。遑论承德曾作大清王朝第二政治中心近二百年，新中国成立前后也曾是塞外重要商埠，兵家必争之地。

承德的现实政治经济生态亦值得重点关注。

2015 年，承德市主要领导频频调整，短短几个月换了两任书记，三任市长。截至 2015 年 10 月，承德已有包括市委书记在内的三名市委常委被拿下，多名市领导被查，整肃力度在河北堪称空前。

与此同时，承德地方债务压力加大，风险不断累积。截至 2014 年年底，承德全市政府性债务余额 569.4 亿元，2015 年全市到期应偿还政府债务本息高达 116.29 亿元，这在一定程度上影响了承德经济的发展。

另据统计，2015 年承德全年实现生产总值 1358.6 亿元，比上年增长 5.5%，增速回落 2.3%。全年实现财政收入 163.5 亿元，比上年下降 16.8%。其中公共财政预算收入 97.4 亿元，下降 9.5%。税收收入 69.7 亿元，下降 16.1%。公共财政预算支出 292.1 亿元，增长 14.9%。

官方总结称，2015 年成为承德遇到困难最多、挑战最大的一年。产业结构偏重、项目拉动作用不足、经济下行压力增大、地方债务负担沉重等困难十分严峻，是承德"历史上最困难的时期之一"。

受制于水源涵养功能区定位？

多年来，为了给京津阻风沙、护水源，保证两地用水，承德先后实施了退耕还林还草、水土保持、林管禁牧、"稻改旱"、汛期限水、污水升级处理等措施，并限制发展高污染、高耗能、高耗水工业。

目前，承德已建起自然保护区 10 处、森林公园 23 处、湿地公园 20 处，治理滦潮河流域水土流失 5750 平方公里，坝上沙化面积减少到 713 万亩，全市森林覆盖率达 56.7%，涵养水源能力比新中国成立初期提高 20 倍。

承德年均水资源总量为 37.6 亿立方米，平均每年向北京供水 4.73 亿立方米，向天津供水 17 亿立方米，水质达标率持续保持在 100%。2014 年以来，承德又实施了水源涵养"千湖工程"，力争通过五年到十年努力，为京津再增加 6 亿立方米以上应急战备水源。

不过，恰恰就是在生态方面，一向自视为京津冀地区"环保优等生""华北绿肺"的承德遭遇了尴尬。2015 年 2 月 26 日，承德作为 2014 年京津冀各地市中唯一空气污染指数"不降反升"的城市，时任市长被环保部有关方面公开约谈。

实际上，尤其 2000 年以来，承德坚持把滦潮河流域的生态修复和水资源保护，保证供水质量和数量作为重要工作。没有建立起协调上下游地区发展的水资源保护补偿机制，严重限制了承德经济发展，使其承受着贫困和生态的双重压力，成为环京津地区经济社会发展与生态环境矛盾突出的地区之一，并面临着与京津发展落差进一步扩大的困境。

2015 年 10 月，任职承德市长不足 7 个月的周仲明接任承德市委书记。他表示，"承德发展慢、欠发达，根子在思想不解放"，"建设京津冀水源涵养功能区，并不是限制承德发展，而是要更优质、更绿色的发展"，"一定要闯出一条生态保护与经济发展的双赢之路"。

在方塘智库看来，破解承德困局的长久之计还是在于建立流域内生态资源保护补偿机制，否则可持续发展、转型升级等一系列目标难以真正实现。

京津冀地区属于资源型缺水地区，流域上下游普遍存在用水竞争和利益冲突，水资源问题已成为制约该区域发展的瓶颈。国内外实践表明，只有建立水资源补偿机制，才能有效调节上下游各区域之间的用水关系，形成流域内用水主体共同保护和有序开发水资源的良好局面，从而实现流域内水资源的可持续利用。

京津冀地区间的生态补偿之前多以支持和补助一些项目来体现且多是临时性政策。将临时性补偿固化为科学合理、符合市场规则的长效制度，显然需要利益博弈的长期过程。京津冀协同发展战略上升为国家战略后，这一过程破题并呈现明显加速趋势。

2014年以来，承德在全国率先开展跨区域碳汇和碳排放权交易试点，成功争列国家生态文明先行示范区和国家江河湖泊综合整治试点。承德2016年政府工作报告提出，"十三五"期间将加强生态文明机制建设，完善自然资源负债表编制方式方法，探索用能权、用水权、排污权、碳排放权等生态产品交易方式，打造生态产品交易平台，加大合同能源管理和环境污染第三方治理推广应用力度，推动建立滦潮河流域跨界水环境横向生态补偿机制。

破解承德经济和城市发展困局的另一个利好被认为是双峰寺水库。

双峰寺水库位于滦河一级支流武烈河干流上，地处市区上游约12公里的双峰寺镇。武烈河从市区穿城而过，避暑山庄及周围寺庙沿河两岸分布。

承德现有水库101座，实际有效库容1.1亿立方米，仅占全市水资源总量的 3%。这种低控制率使承德 87% 的地表水白白流失，水资源基本为"年吃年用"的自然状态。

并且承德年度降水量分配极不均衡，经常是汛期洪水来势凶猛，枯水季节又无水可用。1999～2009 年，由于持续干旱，承德坝上地区许多湖泊、沼泽和湿地干涸，潮河、滦河及较大支流每年长时间断流，山区地下水位大幅度下降，农村和城市严重缺水。

2000 年，持续干旱造成避暑山庄湖区干涸 68 天，"避暑山庄不避暑"，使承德旅游名城形象大打折扣；潘家口、密云两大水库水位始终处于死水位上下，无法满足京津唐用水需求。

同时，洪涝灾害一直是承德一大隐患。历史记载显示，1938 年、1962 年和 1994 年大洪水给承德造成巨大损失。2005 年 "8·12" 洪水，四个受灾重点县直接经济损失达 4 亿元。

由于市域内水利基础设施薄弱，缺乏骨干性的控制性水利工程，水资源配置能力差，承德由一个水资源相对丰沛的地区变成资源性与工程型缺水并存的水资源紧缺地区。

双峰寺水库是河北省"十二五"期间唯一在建的大型水利枢纽工程，总投资 36 亿元，设计总库容 1.37 亿立方米，2016 年年底前建成蓄水，建成后将使武烈河流域及市区防洪标准由二十年一遇提高到百年一遇。双峰寺水库每年为中心城区供水5600 万立方米，成为市区主要水源地，并使中心城区水环境总面积达到 3700 万平方米，相当于 5 个杭州西湖，使承德彰显山水园林特色。

重新发现承德城市经济的底色

事实上，新中国成立后，承德还是一座典型的"依矿而起，

"靠矿而兴"的资源型城市、矿业大市。如远郊区鹰手营子矿区属于典型的独立工矿区,"一五"计划的156个重点项目有两个落户于此。

改革开放后,承德工业化进程加快。1993年,地市合并后,承德逐渐确立"工业立市、强市"发展战略。2000年以后,经过不断努力,承德发现并成功开发了超贫钒钛磁铁矿,冶金采选压延业迅速发展壮大,所占工业比重、GDP比重、财政贡献率逐年上升,成为该市支柱行业。

在诸多限制之下,承德依然由工业化初期进入工业化中期阶段。三次产业结构比例由1995年的35.1:32.8:32.1调整为2005年的18.2:51:30.8,这一比例在随后的10年间几乎没有变化。在这期间,2008年第二产业占比一度高达60.2,2011年达到55.0。

以"两黑"为主的产业体系和以煤炭消费为主的能源结构,使承德经济增速虽然较快,但质量和内涵没有明显提升,矿产资源越挖越少,生态负担越来越重。承钢2013年曾被央视列为三个工业污染源实例之一;2014年承德空气质量的达标天数仅为68.2%,重度以上污染天数占4.4%,等等。

现实的强大压力迫使承德不得不调整经济发展模式,三次产业结构由2014年的16.8:50.1:33.1迅速优化到2015年的17.3:46.9:35.8。

2009年,随着资源的渐趋枯竭,承德营子区成为第二批32个资源枯竭型城市地区之一。这也给承德转型发展带来了深刻启示,"一业独大"的产业格局产生的挤出效应,会导致其他接续替代产业发展滞后,一旦资源开发接近枯竭,就会出现"矿竭城衰"的现象。

2016 年 2 月 17 日，承德时任代市长常丽虹在政府工作报告指出，2015 年受外部经济环境影响，加之总量小、底子薄、基础脆弱，经济欠发达的基本情况未得到根本性转变，承德经济增长陷入低谷，增速为 21 世纪以来的最低点。一些长期累积的矛盾和问题，如增长方式粗放、生产链条短、产业产品层级低等问题集中爆发。

不过方塘智库也注意到，反映发达国家城市化规律的"纳瑟姆曲线"表明，城镇化率在 30% 以下，工业化进程开始启动；城镇化率在 30% 到 70% 的阶段，是工业化和现代化进程最快的时期；当城镇化率超过 70%，国家基本进入现代化社会。

承德的城镇化率 2000 年是 25.1%，2015 年是 46%，其产业结构刚刚进入工业化中期阶段，也就是以重化工业为主导产业的阶段。这也就是说，在此阶段，工业是当然的主导产业，传统产业仍有巨大需求。承德的关键是促进产业结构由低度化向高度化发展，使传统产业向高专精深方向发展，发挥后发优势，提高竞争力。

此外，考虑到承德"八山一水半分田、半分道路和庄园"的地理空间分布，方塘智库认为，建成既有历史韵味又有时代气息的生态型山水园林城市，既能增强承德的城市核心竞争力，又能彰显城市个性魅力。

可是如果从历史角度梳理承德的城市建设规划管理和城镇化过程，会发现承德还没有真正聚焦自身优势，形成稳定、可持续的内生发展逻辑和路径。

"先有一庄而后有城"，承德城市的兴起和承德避暑山庄的修建紧密相连。它从一开始就是为承德避暑山庄服务的，但城市本身又和山庄截然对立。山庄经过周密规划和精心设计，至于为它服务的这个城市却从没有什么规划和设计，是从杂乱无章中成长起来的。规模庞大、布局严整的山庄与市域狭小、布局凌乱的市区形成强烈对比。民谚"皇帝之庄真避暑，百姓却在热河也"，说的就是这种情况。

这种情况直到新中国成立后很长时间都未有改观。1949～1952年，承德全市基础设施建设投资累计只有332万元，1978年也只有562万元。改革开放后，承德城市化水平虽逐年提高，但整体水平不高。

如果说2000年是承德历史上一个关键节点的话，那么对承德城市建设而言，2006年是另一个关键时间点。承德的规划热潮正是从这一年开启。

承德的发展冲动、政绩冲动也体现在了那几年名目繁多的规划当中。无论是战略宏观层面，还是专业细分领域，其均会出台一份相应规划，这似乎成为一种习惯性动作。

2008～2010年两年多时间内，承德先后筹资两亿多元，聘请国内外一流设计单位和专家编制完成了城市总体规划等各层次各类规划78项。这些造价不菲的规划往往不接地气、执行难，甚至因规划频出使得规划间相互交叉重叠、"打架"，一些被"束之高阁"。2000年到2015年，承德中心城市建成区面积从35.2平方公里扩大到112平方公里。

虽然现实当中承德的城市建设还是取得了长足发展，城市规模不断扩大。但与此同时，承德也出现了区域发展不均衡、交通规划不合理、公共配套设施跟不上，破坏生态和历史文化环境等问题。整个城市的生态系统紊乱、环境恶化，与"山水"严重脱节，造成资源的极大浪费。

方塘智库认为，承德城镇化水平不高、规模偏小、功能不完善、产业不发达，集聚能力弱等现实状况显然短期之间难以改变。这就尤其需要主政者摆脱短租行为，"功成不必在我"，树立"精明增长""紧凑城市"理念，不断提高城市治理能力和水平，提高城市发展质量和效益，真正起到现代化建设"火车头"作用。

全域旅游与景城互动发展

2005 年，专家首次提出"环京津贫困带"概念，引起广泛关注。最后各方总结认为，基础设施落后、生态环境脆弱、产业基础薄弱是导致这一现象的主要原因，实现这一地区脱贫事关京津冀协同发展战略的成败。

对张承地区特别是承德而言，政策性致贫因素或许更多一些。承德贤达萧玉田表示，新中国成立后承德经济曾相对发达，好于当时的北京远郊县。随着 1960 年密云水库建成，承德逐渐成为北京生态卫戍区；20 世纪 60 年代末对苏关系紧张，承德地处战略要地，与张家口长期被列为军事控制区。像丰宁作为首都北大门，1985 年以前一直是军事禁区，驻军人数最多时相当于当地人口的三分之一。这些地区很长时间基本不修路，不通电，不摆项目，导致工业基础薄弱，基础设施和社会建设严重滞后。丰宁甚至直到 1998 年才获准对外开放。

承德全市八县均属燕山 - 太行山特困片区及环京津贫困带，贫困面较大，贫困程度深，在京津冀协同发展过程中以产业化、市场化方式扶贫将是重中之重。

当然，和全国很多贫困地区一样，经济发展落后往往也会为这些地区保留下相对较好的山水和自然环境，文化资源破坏相对来说也比较轻，大多处于未被开发的原始阶段，文旅产业发展和

图 9　承德滦平古村落　摄影：叶一剑

旅游城市建设在新的发展时期往往成为重点领域。

　　在各种标签、名片中，承德或许更看重国际旅游城市这一定位。只不过，直到目前为止承德旅游业依旧不温不火，在经济结构中所占比重也不大。

　　1978 年后，承德与北京实行"旅游捆绑"，是国家主推的国际旅游线路。在旅游业并不发达的 20 世纪 80 年代，承德可与南京、苏杭等城市并驾齐驱。但随着旅游业由外事接待型向经济经营型转变，随着新兴旅游热点的崛起和竞争加剧，承德的吸引力、竞争力被弱化，市场份额逐年减少。

　　此外，由于旅游资源分散、分割管理，产业链条短，承德未能摆脱对"自然发展、门票经济"的依赖，旅游业发展缓慢，多年停留在一季游、观光游的初级阶段。

　　数据显示，2015 年，承德接待境内外游客 3349.6 万人次，

比上年增长 14.3%。其中境内游客 3318.4 万人次，增长
14.4%；境外游客 31.2 万人次，增长 1.6%；实现旅游总收入
338.2 亿元，比上年增长 27.8%；其中境内游客收入 330.5 亿
元，增长 27.8%。境内外市场差距明显。

在旅游收入提高、旅游人次增加的繁荣掩饰下，承德国际旅
游竞争力较弱、客源市场较窄、管理运营严重滞后等危机日渐显
露。根据旅游地生命周期理论研究，承德这个老牌旅游城市正处
于衰退或重新复苏、不进则退的十字路口。

图 10　承德滦平古长城　摄影：叶一剑

文旅资源只是产品的胚胎阶段，一个生涩的文旅资源即使再
优异也难以带动区域产业振兴。市场先行是文旅产业重要的发展
规律，只有先把大量游客导入市场，有了客源，投资商才有信
心，敢投资。反之，基本客流量不足，投资商会胆怯。

　　另外，文旅产业项目投资风险大、回报周期长。在产业发展初期，需要政府强力推动，尤其在基础设施建设、配套设施等方面给予政策和资金上的大力支持。

　　针对承德的具体情况，方塘智库建议有关方面应摆脱"山庄"观念束缚、皇室情结，摆正与北京的关系，立足自身资源和优势，以人为本，同时发展全域旅游和推进景城互动发展。

　　另外，回顾承德旅游乃至城乡经济的发展，交通是长期的制约因素之一。如承德游客近年的增长显然得益于2009年京承、承秦、承唐、承朝等高速公路通车。

　　对于国际旅游城市而言，"进得来、出得去、散得开、行得通"，方便快捷的内外部交通是其发展的重要支撑，也是重要基础。

　　随着承德"两环十射"高速公路网、"一环九射"铁路网、"一运六通"航空网的加快构建，有了高铁和机场后的承德，其公路、铁路、民航互为支撑、四通八达的立体交通体系将逐渐形成，加上2015年10月正式开关的承德海关，承德建成国际旅游城市的目标值得期待。

　　方塘智库认为，在进行了新一轮政治经济周期更迭，并对政治经济资源、形势及整体政策进行了再梳理、再确认后，承德能否在新常态下抓住机遇、固本培基，成长为一个真正意义上有竞争力的城市实体，值得持续关注。

第三章　新区新城　中国引擎

【导言】

如果要了解中国的城市化，新区新城肯定是回避不了的。中国几乎所有城市在上一轮城市化以及目前正在进行的城市化过程中，都开辟了新区新城的战场，以至于我们说，要了解当下中国城市发展的问题，你可以到遍地开花的新区新城去看看，如果你要了解中国城市发展的成就，你也可以到那些快速成长起来的新区新城去看看。

对河北经济发展和城市化的审视，也离不开对河北园区经济和新区新城的调研和观察。这不仅是因为以开发区为代表的园区是河北经济存量的主要承载空间，而且以曹妃甸新区、渤海新区、正定新区、秦皇岛新区等一系列新区新城的开发已经成为并将继续成为拉动河北经济增长和所在城市转型的主要驱动力，这些新区新城的建设成败将在很大程度上决定河北城市化的品质甚至是成败。

当然，与中国的园区经济一样，河北的开发区也正面临着巨大的转型压力，而一些新区新城基本上都处在发展中途、凭借所在城市的力量在推动建设，无论是基础设施建设投入能力，还是招商引资、产业创新、社会治理等方面，短板都很明显。河北的新区新城建设，如果不能获得更多更快更优的资源配置，完全有可能转化为河北经济发展的风险所在。这是河北省需要重视，也是迫切需要拿出解决方案的问题。

另外，关注河北新区新城的发展，最大的爆点肯定是雄安新区的设立。作为京津冀协同发展战略的重要部署、北京非首都功能疏解的集中承载地，雄安新区的建设被寄予厚望，所谓"千

年大计，国家大事"，除了河北自身的发展模式和路径值得持续
关注外，雄安新区的建设将对河北的综合转型产生怎样的影响，
也是大家所关注和观望的。河北转型视角下的雄安新区建设研
究，显然是一个需要尽快提上日程的议题。

图 11　河北沧州渤海新区湿地　摄影：叶一剑

第一节　河北开发区发展简史

作为改革开放以来河北经济的重要造血者，以开发区、高新
区为代表的产业园区和新区新城也在协同发展的战略框架中被时
代推上转型升级的风口浪尖。

截至 2016 年，河北省开发区优化整合为 184 个，包括经
济开发区 150 个、高新技术产业开发区 30 个，海关特殊监管

区 4 个。

2016 年，河北经济开发区实现地区生产总值 12729.1 亿元，同比增长 11.1%；完成税收收入 1409.4 亿元，同比增长 16.9%；进出口总额达 266.0 亿美元，同比增长 4.3%，占全省进出口总额的 58.8%；实际利用外资 45.4 亿美元，同比增长 43.7%。

鲜亮的数字掩不住一个事实：在 2016 年各省 GDP 排名中，湖北借力高新技术产业激增的优势，首次超越人口大省河北，上升至全国第七。

作为河北经济发展的强大引擎，园区强则河北强，盘活园区才能搞活经济。时任河北省委书记赵克志曾指出，加快河北省经济转型升级必须要抓好开发区建设，要真正把开发区打造成为重要的经济增长极。

但随着传统行业边际效益递减、劳动力成本提升、新经济形态渐成格局，河北产业园区的转型迫在眉睫，这不仅是推动河北经济更好更快发展的必然要求，更是河北贯彻京津冀协同发展战略的必然路径。

河北的园区建设起步并不晚。1984 年，河北省设立首家开发区——秦皇岛经济技术开发区。之后产业园区成为河北引领发展、创造财富、增加就业的重要载体。截至 2017 年 2 月，河北省各类开发区在册的已达到 228 家（国家级 11 家、省级 217 家），其中经济开发区（园区）197 家、高新区 16 家、新兴产业示范区 15 家。

河北省商务厅的一组数据显示，截至 2013 年年底，各类开发区以不到 1% 的土地面积，创造了 29% 的地区生产总值、44% 的财政收入、27% 的固定资产投资、43% 的吸引外资和 41% 的外贸进出口，有效发挥了开发区作为改革开放"试验田"、经济增长"引擎区"的重要作用。

据国家商务部 2013 年公布的国家级经济技术开发区综合评价结果，廊坊开发区、秦皇岛开发区分别排全国第 41 和第 51 位；据国家科技部通报的 89 家国家级高新区评价结果，保定高新区、石家庄高新区分别排第 23 和第 34 位。

河北省仍有一批开发区（高新区）还处于起步阶段，特别是面对改革开放的新形势、转型升级的新要求、京津冀协同发展的新任务，河北省开发区与沿海发达省份甚至一些中西部省份相比，呈现出总量规模小、产业层次低、承载能力差、品牌园区少、整体实力弱等问题。

究其原因，主要是体制不顺、机制不活、政策不优，以至于带来管理不善、效益不好、实力不强等一系列问题。

河北开发区存在的一系列问题，有很多也是全国开发区的共性问题。在轰轰烈烈建区之后，很多开发区管委会的行政协调能力往往不强，园区普遍存在机构日益臃肿、运营效率低下等问题。而在具体建设过程当中，很多工业园区围绕单一产业的要素资源过度集中，低水平重复建设和同质化过度竞争现象严重；土地浪费严重，许多开发区征而不开、开而不发；工矿建设占地偏多，粮食安全与生态安全受到威胁；土地城市化与人口城市化严重不同步；缺乏系统科学的产业规划，合理制度供给不足导致各项规划之间不能有效衔接。

比如河北保定的一些园区，大多是从事医药业，缺乏统筹协调，导致集群化程度低、产业能级弱。又如沧州临港经济技术开发区，专业生产要素储备不足、科技平台和研发平台建设滞后，导致研发能力严重落后于生产能力。

早在 2003～2006 年，国家曾对开发区进行了一次清理整顿，河北省商务厅的一份材料指出，"受旧有条框的限制，河北没有从长远发展战略定位、规范提升角度着想，而是盲目砍掉了 130 家省级开发区（仅剩 48 家），县（市）开发区布点率仅为 28%，直接造成了开发区体制不顺，机制不活，陷入'停滞期'"。

但这之后的十年，河北开发区又进入了一个新的发展周期，到 2016 年，河北的开发区数量增至 253 个。2016 年 8 月，河北省政府对 11 个市以及 2 个省直管县开发区优化整合方案进行了批复，新一轮的开发区整合开启，这一次优化整合后，河北省开发区的数量从之前的 253 个减少到 184 个，减少了约 1/4。

但河北的开发区布局中，仍然缺少重量级的开发区。从目前的状况来看，全国有 18 个国家级新区，但没有一个在河北。全国有 17 个国家级自主创新示范区，河北还没有。自贸区已经进入 3.0 时代，但也和河北无缘。

变革中的河北开发区

21 世纪初，针对各类开发区过多过滥的问题，河北响应国务院部署，开始清理整顿开发区的数量。河北政府逐渐意识到，线性的"投资、造城、卖地"模式难以维持经济的增长，引入产业、导入人口、增加税收才是确保财政收入、协调经济社会发展的关键。要实现这些，靠一己之力很难办到。

而 2002 年华夏幸福基业股份有限公司（简称华夏幸福）在固安开创了以 PPP 模式参与河北的园区建设的样本。固安工业园区发展之初，主要承接北京机械加工项目转移。为了克服外部植入型企业产业不匹配、市场定位不明确等问题，在完成产业积累后，华夏幸福开始梳理产业链的关联，使资源要素得以延展，促成一个个产业集群的萌芽。

华夏幸福的特别之处在于，将产业、城市、空间功能相结合，以"产城融合"的视域解决产业园区职工职住分离的问题。随着医疗、教育、文化场所和生态配套项目的完善，园区的城市肌理逐渐丰富。

得益于华夏幸福的专业运营，一批高科技企业开始纷纷落户固安，固安从一个农业小县成长为包括航空航天、生物医药、电子信息、汽车零部件、高端装备制造五大产业集群的综合产业园区，成为河北省发展最快的省级开发区。

2014年，固安县城人口规模达到16万人，十年间农业转移人口市民化人数达到1.38万人，城镇化率由16.6%提升到45.97%。至"十二五"规划末期，固安县地区生产总值达到182.5亿元，年均增速达到15.9%，人均GDP达到36959元，是"十一五"规划末期的2.5倍。全县财政收入完成55.9亿元，五年间增长5.6倍。

以固安为起点，华夏幸福在河北全域复制产业新城模式，并借势向全国扩张。无论从经济效益还是社会效益来看，河北无疑成为这家企业的营收重地。

除了临近北京的固安，作为石家庄的战略支点，正定也打造出一个省级战略平台，它便是正定新区。

"低碳"是正定新区的关键词。借鉴北京昌平未来科技城的成熟经验，正定新区以节能环保为主攻方向，以生产节能环保新材料、新产品的企业为骨架，构建京津冀地区重要的节能环保产业园。已经入驻的企业包括石家庄（正定）中关村集成电路产业基地、河北常山生化药业股份有限公司、石家庄中博汽车有限公司、河北小蜜蜂工具集团有限公司等多家企业。

除了产业低碳化，正定新区的基础设施建设也颇为环保。以PPP模式实施的地下综合管廊建设项目，运用"海绵城市"建设理念，在新区范围内从小区地块、景观绿地到市政道路，全面推行雨水综合利用，将雨水就近渗透、吸收、存蓄。

2014年，正定入选国家智慧城市试点。2015年，正定全县地区生产总值完成248亿元，增长10%；财政收入达到19.03亿元，城乡居民人均可支配收入分别达到23300元和13330元，县域经济持续保持良好态势。

2017年2月6日，国务院办公厅正式印发《关于促进开发区改革和创新发展的若干意见》（简称《意见》），对新形势下做好开发区工作作出全面部署。《意见》明确了开发区的三个功能定位：坚持以产业发展为主，成为本地区制造业、高新技术产业和生产性服务业集聚发展平台；科学规划功能布局，突出生产功能，统筹生活区、商务区、办公区等城市功能建设，促进新型城镇化发展；继续把优化营商环境作为首要任务，着力为企业投资经营提供优质高效的服务、配套完备的设施。

河北开发区的下一站

2017年发布的《河北经济社会发展报告（2017）》指出，北京和天津已基本处于经济发展的内涵增长、创新驱动阶段，而河北还处于外延扩张、要素驱动阶段。因此，京津冀产业转移和分工协作对河北"十三五"规划期间的发展转型有重要意义。

京津冀协同发展战略对河北的转型而言，是责任，是机遇，更是挑战。在此过程中，河北众多产业园区作为产业集聚、人口集聚的重要平台，要主动承接首都的产业外溢，应在提升自身配套水准、服务和创新能力的基础上，主动与京津地区的资源对接匹配。

首先，就园区产业来讲，定位明确是关键。《京津冀协同发展规划纲要》将河北定位为商贸物流基地、产业转型试验升级区、新型城镇化与城乡统筹示范区、生态环境支撑区，这便是河北产业园区的转型思路。在明确的定位下，河北构建自身的产业优势，找准产业链条中的发力点，才能融入到京津冀地区的经济大循环当中。经常出现的情况是，很多京津企业一离开京津，往往不是就近迁入河北，而是跨过河北前往山东等地。这背后的原因是多方面的，而根本性的原因就在于河北产业体系还是薄弱的、低层的，"接不住"京津的企业。对于河北的园区来说，必须主动出击，在整个京津冀地区找准发力点，如果只是坐等京津的产业、人才的溢出，那最后只会是空等。

其次，坚持产、城、人的融合。河北产业园区的发展，伴随着河北新型城镇化的推进。而且城镇化的进程，将成为推动河北产业园区持续发展的重要支撑。另外，在吸引京津转移出来的产业和人口上，河北的园区应该在生态环境提升、城市配套设施建设上下足功夫，并在居住、教育、医疗、文化等公共服务上，避免交通拥堵、空气污染、文化断层等"城市病"，使得园区既宜居又宜业。

最后，抓住 PPP 战略的机遇，吸引社会资本参与园区建设。PPP 模式作为一种创新供给制度，已经成为激活社会资本、优化公共产品服务供给、减轻政府财力负担、化解地方债务的重要路径。而在推进以人为本的新型城镇化过程中，需要加大城市基础设施和公共事业建设力度，提供更多、更好的公共产品和服务，这更加为 PPP 模式的发展提供了广阔天地。华夏幸福在河北的产业新城项目，都是现成的 PPP 案例，有些还进入了发改委的 PPP 项目库。应该说，PPP 模式显现出良好的经济效益和社会效益，并得到国家层面的鼓励推行，这更是接下来推动河北产业园区发展的重要模式。而要使 PPP 模式发挥更大的作用，应逐渐消除行政壁垒、构建有活力的金融服务平台，进一步提升 PPP 模式的综合运用水平。

河北开发区的兴起、发展与转型，和中国近 30 年的改革发展几乎同步。而开发区的转型发展，更是事关河北未来。2016 年 4 月，时任河北省委书记赵克志表示，"河北要去产能、调结构、转变发展方式，培育新的动能，必须全面提升开发区建设水平，使之成为推动转型升级的发力点和突破口"。

河北开发区的转型发展，路虽不易，但值得期待。

第二节　产业新城在河北

2018 年，华夏幸福发布报告称，2017 年度实现归属于上市公司股东的净利润同比增长 35.26%。考虑到近几年华夏幸福一直保持的高增速，这样年度成绩属于意料之中。但放在整个国家经济增速放缓、产业结构转型的背景下，如此大幅度的逆势增长还是令人吃惊。

从 1998 年创立，到现今成为千亿级销售巨头，华夏幸福二十年的历史，也是中国城镇化的高潮期。期间，中国的房地产资本不断壮大。有意思的是，华夏幸福转型走上了一条"产业新城运营商"的道路，并以不断增长的业绩证实了产业新城这一特殊的空间形态所具有的巨大市场空间。

华夏幸福的产业新城起步于河北固安，历经多次迭代升级，并紧跟着国家战略，逐步在海内外展开布局。除了继续深耕京津冀板块之外，华夏幸福近些年还在长江经济带、珠三角、东北、西北等地区不断布点。围绕产业新城的产业导入和服务配套，华夏幸福近些年甚至直接参与产业链上下游的资本投资。

2016年，华夏幸福的一系列运作举措让人眼花缭乱。但审视华夏幸福的一路成长，其产业新城的逻辑仍然清晰可辨：一是对国家区域大战略的深刻洞察，紧跟着京津冀协同发展战略、长江经济带、"一带一路"倡议、特色小镇等国家重大规划，布局和延伸产品线；二是不断丰富和升级产业新城的生态圈；三是在落地产品形态上的逐渐丰富，在产业新城外新增了特色小镇、产业综合体等新的产品线。

在中国经济发展整体放缓的背景下，华夏幸福产业新城的快速发展，为许多传统企业指出了一种转型的可能性，更为中国新区新城的迭代升级找到了一种可能路径。

华夏幸福的快车道

2016年，华夏幸福业绩的快速成长，得益于产业新城在异地的成功复制。梳理2016年全年的公告可以看到，在这一年时间里，华夏幸福新签署的产业新城项目为29个，并且其中有多个项目已经取得了成交通知书。而在更早之前签署建设的产业新城项目，则已进入回收期，不断强化公司业绩增长的基础。

华夏幸福已经在海内外建起了一个庞大的产业新城网络体系。这些新增的产业项目都坐落在当地主要经济区辐射带，城市群人口规模可观，在当地快速的城镇化、工业化的驱动下，这些产业项目都是作为当地政府重点开发建设的项目存在的。

从"天安门正南50公里"的固安工业园开始，定位于"产业运营商"的华夏幸福花了十多年的时间来打磨产业新城的产品线。到2016年，这个产品线已然成熟，并已经实现了标准化，这使得华夏幸福产业新城的模式能够以更快的速度进行异地复制。所以我们看到，不同的产业新城项目，基本应用着同一个投资回报模型。

产业新城也为华夏幸福贡献了最大的利润来源。2016年中报数据显示，华夏幸福在上半年完成销售额584.34亿元，其中产业新城业务销售额为483.57亿元——占比超过八成。

2016年中报公布的销售额超过500亿元之后，媒体就已把华夏幸福归入销售额达千亿级企业阵营。打入千亿级俱乐部之后，华夏幸福规模效应的持续发酵将更值得期待，人们开始想象"大象起舞"会是怎样的精彩。而作为核心业务的产业新城，也势必在未来华夏幸福的不断扩张中，继续扮演着最为重要的角色。

一家企业和国家战略的互动

华夏幸福的产业新城布局，有着鲜明的国家战略的烙印。2016年华夏幸福新签署的产业新城项目，主要分布在京津冀地区、长江经济带、"一带一路"倡议等国家重大规划承载区域。华夏幸福并没有直接杀入一二线城市，而依然在寻求这些热门区域的价值洼地。根据年报，华夏幸福2016年新签署的产业新城项目如下表所示：

2016 年华夏幸福新签署的产业新城项目

区域	产业新城项目所处区域
京津冀地区	河北邯郸市丛台区产业新城
	河北保定定兴县
	河北张家口怀来县（扩区）
	河北石家庄正定新区
	河北石家庄长安国际服务外包经济开发区
长江经济带	重庆璧山区
	四川眉山市彭山区
	四川成都蒲江新城
	江苏南京溧水区
	江苏启东市
	浙江湖州市南浔区
	浙江省湖州市德清县
	浙江嘉兴市南湖区
	湖北省咸宁市嘉鱼县
	湖北省武汉市江夏区
	湖北省武汉市新洲区
	安徽六安舒城县
	安徽省马鞍山市博望区
	安徽省马鞍山市含山县
	安徽省合肥市肥东县
	四川省资阳市
	浙江省嘉兴市嘉善县天凝镇
	江苏省南京市高淳区
	江苏省南京市江宁区湖熟街道东片区
	安徽省巢湖市
中原城市群	河南焦作武陟县
	河南郑州新郑市
	河南省许昌市长葛市

续表

区域	产业新城项目所处区域
珠三角	广东省惠州潼湖生态智慧区
	广东省惠州市惠阳区镇隆镇
	广东江门江海区
	广东省四会市
	广东清远市燕湖新城

从上表可以看出，华夏幸福的战略布局和京津冀协同发展、长江经济带、"一带一路"倡议这三大国家重大规划有着明确的匹配。其中，2016 年的主要发力点是长江经济带，华夏幸福在此签署的产业新城项目多达 20 个，并且在长江上游、中游、下游地区都有布局。

沿着"一带一路"倡议，华夏幸福也在不断地将产业新城复制到海外地区，利用国内已成熟的"政府主导、企业运作、合作共赢"的 PPP 模式，建设海外产业新城项目。2016 年 6 月，华夏幸福与印尼马龙佳集团旗下旗舰企业 AS 签订协议，建立华夏幸福的首座国际产业新城。在印度，华夏幸福已经和印度的哈里亚纳邦、马哈施特拉邦等政府签署合作协议，共建产业新城。

华夏幸福的海外产业新城项目

国家	合作方	项目
印尼	印尼马龙佳集团	首都雅加达附近万丹省巴沙凯密斯项目
印度	哈里亚纳邦政府	哈里亚那邦 Sohna 地块、Manesar 地块
印度	马哈施特拉邦政府	新孟买国际机场辐射区（MAINA）项目
越南	越南国有股份公司信义集团	东西贡城区和同奈省安科产业区土地
埃及	阿拉伯埃及共和国住房部	新行政首都第二期工程

华夏幸福的事业版图已辐射京津冀地区、长江经济带、珠三角及"一带一路"沿线国家等在内的60余个区域,并聚焦十大重点产业,形成了近百个区域级产业集群。其中包括在新加坡、马来西亚、缅甸、越南、埃及等国家设有常驻机构,并以东南亚、南亚为重点,兼顾非洲、美国、中东欧等地区,持续发展海外地区的产业新城业务,并获得了显著的经济效益。

华夏幸福产业新城的加速布局,也推动了国家区域战略的落地,尤其是为国家和区域的转型升级提供动力。同时,华夏幸福的PPP模式也为中国经济转型发展提供了案例价值启示,并获得了国家层面的认可。2015年7月27日,国家发改委推出13个PPP示范案例,固安模式榜上有名。2016年10月13日,财政部联合多部委公布第三批PPP示范项目,华夏幸福的河北固安高新区、江苏南京溧水产业新城两个项目入选。

产业新城的竞争力构建

在具体产业新城项目中,华夏幸福主要负责对合作区域进行开发建设和管理,包括在合作区域内进行整体规划、并依据整体规划进行基础设施建设、公共设施建设运营、产业发展服务等,致力于搭建产业合作平台,为当地企业提供产业升级、经济发展的解决方案,或为中资企业的境外投资提供一站式服务。

自2002年被引入固安,华夏幸福就开始实施"政府主导、企业运作、合作共赢"的PPP市场化运作模式,政企双方用契约精神取代身份观念,建立利益共享、风险共担机制。PPP模式清晰地界定了政府与合作企业各自的责任和利益边界,保证了政策的连续性和稳定性,推动资源配置依据市场规则、市场价格、市场竞争,实现效率最大化和最优化。

但这不是全部。华夏幸福和地方政府的 PPP 合作模式，是一种"综合开发 PPP"模式。这和单体 PPP 项目多有不同：在综合开发 PPP 项目里，华夏幸福作为企业端，不仅要投入大量资本，更要提供城市营造、产业导入和社会服务等一系列的建设和服务，最终它要导入的是一个能适配于当地产业转型升级的完善的产业新城生态。

简而言之，华夏幸福不仅要建设城市、导入产业和人口，更是要导入一个新城生态。而真正构建起华夏幸福的竞争壁垒的，除了投资回报周期漫长而构建的资本壁垒外，正是华夏幸福所建设的产业新城生态圈构建。

产业新城内的产业培育，绝非单点突破所能达到，而需要多种资源要素的集聚和发展。尤其是新兴战略产业的发展，始于科技、成于资本、盛于融合，需要产业新城的运营商在科技、资本、人才、政策等多方资源的导入和匹配。从这个角度而言，产业新城是新兴战略产业的发展平台，但要让这个平台快速地运作起来，则离不开一个成熟生态的导入。

在第四次工业革命正在展开的当下，因为"互联网＋"等因素的驱动，创新资源的集聚路径和以往有了极大的不同。一个地处三四线城市的产业新城，完全有可能超越传统的限制，对接到国际最新的科技创新成果。

正是在这种逻辑下，华夏幸福在探索和实践新兴战略产业的培育路径的进程中，一直在全球范围内整合科技创新资源。包括借助太库科技，在全球范围内布局孵化器；收购苏州火炬孵化——火炬孵化创客邦孵化器已在全国 30 余个城市布局；与清华大学等科研院所进行产学研合作，搭建产学研合作平台；和奥钢联、京东方、金海岸影业等世界 500 强及行业龙头企业开展深度合作，推动产业链上下游企业的集群集聚。

在全球科技创新资源整合链条中，太库科技扮演的角色是，为华夏幸福提供产学研等创新资源的对接，发现拥有产业前沿技术、具备较强产业化潜力的创新项目，再推进这些项目在各个产业新城的落地。太库科技已在全球多个国家运营管理十余个孵化器，通过这些孵化的平台定制化、定向孵化后，让创新项目在产业园落地、投产。根据协议，太库科技"在全球范围内，每年将获得专利授权的发明专利、实用新型专利，通过转让、授权使用、签订专利许可使用协议方式进入公司产业新城，推动公司园区产业升级"。

华夏幸福甚至还直接参与到产业链的下游，以创新和资本的驱动，带动区域产业升级和经济发展。最典型的是，与显示器行业龙头昆山国电光显合作，在固安、霸州分别投资建设第6代 AMOLED 面板生产线和年产 8000 万片 OLED 显示模组项目。

2016 年以来，华夏幸福在产业新城的产业培育、城市营造等生态营造上的举措不断。包括与深圳市城市空间规划建筑设计公司达成战略投资，强化其在城市规划编制以及落地管理方面的综合能力；也包括进入轨道交通领域，在 2016 年 5 月拿下廊涿固保城际铁路项目，成为国内首个投资并控股客运城际铁路项目的民营资本。

围绕产业新城生态的营造，华夏幸福的运作还在持续。从产业的上中下游，到城市建设的前中后期，华夏幸福将越来越多的要素纳入到这个生态圈的范围之内，有效凝聚资源、优化商业模式，由此也将竞争壁垒建得越来越高。华夏幸福已成长为"大象"，而现在人们纷纷开始想象"大象的舞姿"。

华夏幸福与中国民企国际化样本

中国企业正在积极往海外"走出去"。过去几年，中国的海外投资持续多年保持中高速增长，在全球各国对外投资规模排名中，中国已超过日本位列第二，仅次于美国。龙永图曾提出，根据预测，到"十三五"规划末期，中国海外投资可能会达到2500亿~3000亿美元的水准。

在我们看来，中国的全球化已经走到了一个重要转折点。改革开放初期，国内外资本的主要流向是中国从境外吸收外资。后来，企业开始逐步到海外投资。及至目前，对外投资规模提升，投向海外的中国资本已超过了从境外吸引来的外资。

中国经济发展到现在这个阶段，"走出去"已经是很多中国企业寻求更大生存空间的内在需要。反过来，众多国家和地区尤其是发展中国家，也同样期待中国资本的到来，以推动本国城镇化和产业化的进程，带来税收、就业机会和社会福利等。"一带一路"倡议的助推，也为中国企业"走出去"创造了历史性的机遇。

而在中国企业"走出去"的潮流里，已不仅限于过往常见的能源、矿产、高铁等领域的国企央企，越来越多的民营企业加入进来，并且民企所占比重越来越高，已然成为中国企业"走出去"的主力军。像华为、格力、华夏幸福等民企巨头，都在"走出去"大潮里扮演着积极活跃的角色。

其中，华夏幸福作为一家产业新城运营商，由于其核心产品主要是像产业新城这类城市平台的营造，因此其"走出去"势必也带着更多的中国企业走出去。它既是一家企业，同时又是平台，在方塘智库看来，这也使得华夏幸福的国际化战略，成为中国民营企业"走出去"大潮中颇为独特和鲜明的一个案例。

但是"走出去"说得容易实践难。对外投资需要面临国外的政治、社会、文化环境、商业、法律、制度等差异，而且还有来自地缘政治、人身安全等方面的隐忧，这些都意味着巨大的不确定性。很多中国企业虽然"走出去"了，却交付了昂贵的"学费"，并失掉了发展的机会。

与此同时我们也看到，华夏幸福循着"一带一路"倡议，不断在东南亚、中东、北非等展开项目布局。尤其是在2016年，华夏幸福纷纷与印尼、印度、越南、马来西亚、埃及等国家签署合作协议，其国际化举措之迅速和频繁令人惊叹。而就在2017年3月17日，华夏幸福和新加坡国立大学签署谅解备忘录，双方将携手推进国际智慧产业新城发展及人才领域的合作。

对中国企业来说，"走出去"是必然趋势，但机遇和挑战又是并存的。方塘智库认为，中国企业只有"走出去"，才能充分利用"两种资源、两个市场"，而借助"一带一路"倡议的机遇，顺势而动、顺势而为，将是中国企业稳步进行国际化战略的必然要求。就这点而言，华夏幸福是一个值得深入探讨的案例。

沿着"一带一路"走出去

在"一带一路"倡议下，中国目前正在构建经济全面开放的新格局，并以此为中国对外投资提供了新的平台与框架。而且由于现在发达国家市场多数已经饱和，中国企业"走出去"的更大空间在于"南南合作"，"一带一路"倡议便又是"南南合作"的一个新平台。

在中国的全方位开放格局里，不仅向发达国家开放，还强调向发展中国家的开放。投资也是一样，不仅要投向发达国家，也要投向发展中国家。因此可以看到，像华夏幸福这样的企业，在"一带一路"沿线国家的投资，具有顺应国家方针的逻辑，也遵循着市场价值的规律。

根据世界卫生组织的统计数据，2014 年城市人口占世界人口的 54%，并且该数字在 2015 年至 2030 年间将会实现 1.4% 至 1.8% 的增长。在发达国家已经出现逆城市化的背景下，这些巨量的城市人口增长，只能来自发展中国家。所以城镇化、产业化在众多的发展中国家方兴未艾，这又必然带来大量的基础设施、城市营造、产业发展等方面的需求。

"一带一路"倡议建设方案合作重点包括能源基础设施互联互通合作、跨境电力与输电通道建设、跨境光缆等通信干线网络建设等涉及基础设施的建设，对提高沿线国家人民福祉有重要意义。中国已经有了三十多年的快速城镇化历程，积累了大量的产能，正好能够去对接这些来自海外的需求。

华夏幸福便是在这种背景下"走出去"的。2016 年 6 月，华夏幸福国际总部在新加坡正式成立，负责公司海外业务投资运营和管理，是华夏幸福海外事业的核心机构。目前，公司在印度尼西亚、马来西亚、印度、越南、埃及、缅甸、菲律宾等国家设有常驻机构。

随着"一带一路"倡议的持续推进，企业开拓海外市场已成潮流。数据显示，2016 年 1～11 月，中国企业累计实现对外直接投资 1617 亿美元，超过 2015 年全年水平，同比增长 553%。2016 年前 3 个季度，中国企业共在 36 个国家建成初具规模的合作区 77 个，累计投资 233.9 亿美元，入区企业 1467 家，创造产值 665.1 亿美元，上缴东道国税费 25.3 亿美元，为当地创造就业岗位 19.7 万个。

华夏幸福的海外布局，是中国民企在 2016 年"走出去"潮流中难以忽略的一部分。当年，华夏幸福共在印尼、印度、越南、埃及、马来西亚五国签订 9 个区域项目，其中印度哈里亚纳邦索纳项目和埃及新首都二期产业新城项目将以 PPP 模式打造。

除产业新城项目外，华夏幸福还坚持以创新驱动为内核，联合战略合作伙伴太库科技，在美国硅谷、韩国首尔、以色列特拉维夫、德国柏林等构建产业孵化器。

对已签约的海外产业新城项目，华夏幸福表示将尽快开始基础设施、公共设施以及产业园区的建设，力争打造标杆项目，为承接中国对外投资实施产能转移做好基础，并争取当地优惠政策，吸引更多的企业进入产业园区。

接下来，华夏幸福将在"一带一路"倡议下，持续以东南亚、南亚为重点，兼顾非洲、中东欧等地区，拓展具有合作潜力的重点国家，实现国际化战略的有序推进。

不确定性市场里的 PPP 价值

企业"走出去"可远比买一张国际机票复杂多了。企业需要在一个以往陌生的地方投入真金白银，回报周期往往还很长，并且跨国的商业投资总是深受到国际关系的直接影响。

在华夏幸福看来，目前中国企业"走出去"最大的障碍有两个：一是中国国际化人才太少；二是各国政策、政治、经济、社会文化差异甚大，在国外无法照搬国内的经验。

回头来看，中国改革开放之后，中国货物已经大量地走出去了。从英国伦敦到土耳其，都能见到中国产的鞋子。但是中国企业尤其是民营企业的"走出去"，其时间和经验，则比中国货少多了。

中国企业在国外面临着太多的不确定性。在对目标国家的社会、政治、法律、市场形态、风土人情、宗教信仰、消费理念和传统习惯不甚了解的情况下，贸然走出去往往会铩羽而归。

但是，在有风险的市场，降低不确定性，其本身就意味着巨大的市场机遇。在方塘智库看来，这其实也是华夏幸福作为一个平台运营商的巨大价值所在。若华夏幸福能在一个国家或地区，通过对地理环境、人文环境、社区关系、法律法规、资源状况等情况的全面调查后，决定在当地进行产业新城投资建设，那么对入驻华夏幸福海外产业新城的中资企业而言，也就意味着消除了大量的信息不确定性。

简单而言，华夏幸福的海外产业新城，可以成为中国企业进入海外市场的直接通道。但华夏幸福又凭什么进行这种平台的建设和供给呢？

这里头，最重要的一点是和所在国政府之间的直接关系。在外国投资获得当地政府的认同和支持，是展开合作的重要前提。而在异国，构建良好的政商关系本身就是非常稀缺和重要的资源。但华夏幸福给我们展示了一家民企和外国政府展开合作的诸多可能性。

例如，华夏幸福推进的与"一带一路"沿线国家政府高层的会晤，据不完全统计，2016 年，华夏幸福的领导分别拜会各国副国级及以上领导近 20 次，各国省部级官员近 50 次，各国使节和当地商界合作伙伴近百次。2016 年 9 月，印尼总统佐科·维多多出席华夏幸福在上海举办的印度尼西亚投资论坛。同年11 月，马来西亚总理纳吉布应邀访问河北固安产业新城，还称马来西亚应争取复制该模式。同时，华夏幸福还与中国国家发展改革委、商务部、外交部、各驻外使领馆、各省市政府及金融机构建立了联系。通过与各国政商界高层搭建良好关系，为双方合作提供了重要支持和保障。

良性的互动有助于政府与企业之间增强互信与交流，而良好的经济合作效果也会促进政治互信。华夏幸福获取目标国政府的信任支持，还在于它的建设契合了所在国家的实际发展需求，能够直接惠及当地人民，因而能得到所在国家政府与民众的共同支持。

还要注意到的是，华夏幸福的海外项目多数是以 PPP 模式展开的。作为一国政府与他国企业合作共赢的新模式，PPP 模式不仅减轻了政府的投资压力，而且由于回报周期较长，基于各方对共赢目标的追求，也有助于提高参与各方的互信。

对外经济贸易大学金融学院院长吴卫星就认为，"一带一路"沿线国家未来在公路、铁路、港口、油管、桥梁、电网、光缆、机场等基础设施筹建中将产生大量投资合作机会，但这些建设项目中涉及方案设计、工程建造、项目运营与维护，每个环节都由政府部门负责管理并不现实，引入社会资本是必要且明智的选择，PPP 模式可促进政府与社会资本形成风险共担、利益共享的合作模式，两者的互补有利于提高效率，推动"一带一路"倡议落到实处。

人才国际化战略先行

如前面所说，目前中国企业"走出去"两个障碍之一是国际化人才的奇缺。消除所在国的信息不确定性，营造良好的政商关系，这些全都离不开熟悉国际商业规则以及精通所在国家政商逻辑的国际人才。对中国企业而言，"走出去"海外投资只是国际化的很小部分，只有实现了人才国际化，才能实现真正意义上的国际化。

尤其是不同国家之间，政治、法律、文化、制度等往往也存在着巨大的差异，这就使得国际化策略无法做到在不同国家间的直接复制，而必须针对每一个国家进行充分调查，获得目标国的地理环境、人文环境、社区关系、法律法规、资源状况等信息，再决定是否合作投资开发。所以，中国企业的"走出去"必须是"一国一策"，还得充分考虑人才本土化的需求。

另外还要看到，中国企业走出去的失败原因中，包括了对人才流动的全球化以及人力资源管理与开发的国际化关注不够，没能及时地发现并有效地规避一系列与国际人力资源管理相关的风险。如何在不同文化、价值观、劳动法律法规的背景下，合理地配置国际人力资源，也是中国企业"走出去"的巨大而迫切的挑战。

可以说，国际人才的重要性怎么强调都不为过，如果没有人才流动的全球化以及人力资源管理与开发的国际化，就没有真正意义的企业全球化。在今天新经济竞争的背景下，企业竞争的制高点只有两个，一个是国际技术标准，另一个则是国际人才。

对华夏幸福这种民企巨头而言，布局的国家地区数量在逐步增多，面对的法律和文化环境各不相同，因此更需要优秀的国际人才不断加入。这也就能够理解，为什么华夏幸福非常重视其前瞻性的人才战略布局、不断完善人才储备、加强国际交流与合作，并以此作为提升自身国际竞争力的快速、有效手段之一。

截止到 2017 年，华夏幸福国际总部有员工 230 余人，其中外籍员工 150 余人，包括来自顶级地产、人力、咨询类的跨国企业和华为等优秀民企的优秀人才，是一支具有国际视野、丰富的本地经验、战斗能力过硬的团队。华夏国际总部各个重点区域的人、财、运营、研发、产业发展等重要部门人员也基本到位，海外发展的组织体系已经初具规模。

包括 2017 年 3 月 17 日和新加坡国立大学的合作，不仅在于整合国际智力资源，还在于培养和获得国际人才资源。华夏幸福国际总裁赵鸿靖表示，华夏幸福将整合新加坡国立大学的学术力量和华夏幸福国际产业新城的资源，搭建国际产业和智慧城市领域的产学研合作体系，打造国际化的产业创新与人才培育平台。

一方面，华夏幸福希望借此寻找国际智慧产业新城发展的解决方案，以应对城市化带来的问题，力促经济与社会发展，为此双方将合作"CFLD 国际里程碑项目系列"。另一方面，华夏幸福将计划开展一系列才能发展项目，在合作期间，公司每年将提供至少一份华夏幸福奖学金以及就业机会给商业分析硕士（MSBA）。例如在 2017～2019 年，双方将举办"CFLD 商业分析实习项目"，充分培养和训练人才，增强其专业和工作技能。

第三节　曹妃甸的未来

谈及京津冀协同发展战略，曹妃甸是无法回避的。曹妃甸的官方信息发布平台"曹妃甸发布"，每天的内容从宏观政策、新闻动态到主题策划很是丰富，反应速度也很快，而且图文并茂，有时候还会发布针对本地区营销的微视频，小编对新媒体传播规律的研究颇为用心，其背后应是有专门的团队在做。

这个微信公众账号基本上满足了我们对京津冀协同发展战略最新进展的信息需求，偶尔还会提供一些来自第三方的分析。由此可以判断，对于曹妃甸的决策者来说，对京津冀协同发展战略的期待直接且坚定。

面对这一国家战略，曹妃甸的策略方向至少包括产业承接、示范区打造等。

对这一策略选择不能说完全不对，不过，承接北京的产业转移和协同发展示范区的打造虽然是曹妃甸贯彻京津冀协同发展战略比较务实的选择，如果实践比较顺利，会为该区域在产业集聚、区域开发方面带来增量。但是，单靠北京的产业转移并不足以促进曹妃甸的整体性发展，不到 6 平方公里的协同发展示范区的打造，恐怕也很难从根本上解决曹妃甸历史和现实发展的困局，更难以给曹妃甸一个理想的未来。

很显然，与自贸区相比，协同发展示范区只是一个次优选择。但比较遗憾的是，尽管之前媒体舆论对曹妃甸入选第二批自贸区的呼声很高，而且河北省、唐山市层面也进行了积极争取，但最后曹妃甸并没有入选。

自贸区如果能够落地曹妃甸，当然是一个比较难得的战略部署，但只有一个自贸区很难激活整个曹妃甸的改革和发展。无论是投资者还是相关决策者，都非常清楚自贸区对曹妃甸发展的战略价值，但是曹妃甸最需要的恐怕是一个更综合、覆盖面更广、以城市崛起为战略导向的国家级新区。

而事实上，如果系统梳理唐山市和曹妃甸各方确立的曹妃甸改革发展的措施，包括港口建设、临港产业发展、交通路网完善、招商引资、社会服务供给及文旅产业发展等，一个围绕城市发展的综合性政策体系的雏形已经具备，只是缺少一个更明确的战略平台统领，而这一平台最佳、最现实的选择无疑是国家级新区建设，这将是曹妃甸开发建设十年以来最具价值含量的战略诉求。

需要防止的四大发展陷阱

就京津冀协同发展战略给包括曹妃甸在内的北京周边地区可能带来的战略红利而言，我们一度试图概括为四点：一是产业转移的红利；二是开放的红利；三是基础设施的红利；四是城镇化的红利。

就基础设施而言，京津冀协同发展如果希望能有更大突破，基础设施的一体化，包括一体化交通体系的塑造，对曹妃甸这样的区域，将是最直接和最现实的战略红利。而且，这是包括曹妃甸在内的该区域内后发地区最可能在短期能抓到的最为现实的红利之一。

基于此，曹妃甸应该做好准备，将区域内的交通路网、区域外的局部路网和全国性的路网进行综合考虑，并根据需要在可以接受的成本范围内做出微调，融入新一轮京津冀交通一体化体系中。这将对曹妃甸的区域和城市发展产生根本性影响。

此外就是城镇化的红利。京津冀城市群的塑造，肯定不是城市的拼凑，而是城市之间的协调。所以曹妃甸的未来肯定是一个城市的未来，而不单单是一个产业集聚的未来，如果只是立足于产业集聚，那么曹妃甸这么好的区位优势就太浪费了。因此，在京津冀协调发展战略的背景下，曹妃甸的城镇化红利也应该体现在首都经济圈的卫星城的打造。

由此看来，目前曹妃甸与北京就共同打造唐山湾生态城的合作，其战略价值尤其值得期待，相信在这一合作框架下，应该不只是产业转移和承接，完全可以包括教育、医疗、技术等资源在曹妃甸的落地生根。

当然，和全国很多区域一样，基于新经济形势的判断和对新的区域政治经济发展逻辑的洞察，曹妃甸的发展同样会面对很多的不确定性。我们将其概括为四个方面，姑且可以用需要防止的四个陷阱形容。

第一个就是园区经济的陷阱。时至今日，对于一个区域的发展而言，仅仅有产业集聚，其实未必能带动一个地区的发展。中国的开发区、园区经济模式已经到了反思的时候。

第二个是大港小城或者有港无城的陷阱。对于港口或者临港地区的发展来说，一定要有新思维。这个新思维就是，一定不能仅限于临港经济，而应该是一个港城的模式。中国的港口，如果总结一下，大部分都是大港小城、大城小港或者有港无城。今天的曹妃甸就是一个大港小城或者有港无城的状态，接下来必须完善港城的发展思维。

第三个是竞争的陷阱。京津冀协同发展一定会是合作的思维方式，运用一种港群的思维梳理、对接、融入环渤海和首都经济圈的发展，对于曹妃甸来说是非常必要的。而且全球经济发展面临新的竞合格局，传统的基于城市或区域的点状竞争力打造模式，将被互联网所带来的网状生态格局所打破。分享型经济将重新定义全球的中心和边缘地区，任何一个区域和城市的发展，都需要在不同的空间维度找到自己的地位，并认清自己扮演的角色，以实现对区域外和全球发展资源的获取。

第四个是依赖的陷阱。今天我们在讲到对接京津的时候，其实不应该仅仅想着能从京津承接什么，而是应该考虑能否成为京津的科技创新和知识产权的转化之地，特别是利用资本的手段，打通曹妃甸与京津之间新经济要素的转化、转移渠道，三地应该是融合发展，而非简单的承接式发展。我们看到中国科学院关于海水淡化膜的相关专利已经在曹妃甸找到转化之地，这是一个很好的现象。

国家级新区的战略可能

要防止曹妃甸落入四个陷阱，就要从更高的战略视野谋划曹妃甸的未来。在我们看来，曹妃甸的未来应该是一个基于港城互动发展的港城的未来，而不是一个大港小城或有港无城的产业集聚区的未来。

我们知道，曹妃甸已经获得一些不错的战略资源配置，包括综合保税区、国家级经济技术开发区、循环经济示范区等，但这些以点状开发以及以园区经济为主的区域政策配置，仍然不足以支撑港城战略，曹妃甸应该争取成为国家级新区，而国家级新区的运作思维一定不是一个园区经济的思维，而是一个城市运营的思维。

按照 2015 年 4 月 15 日国家发展改革委等四部委发布的《关于促进国家级新区健康发展的指导意见》，国家级新区是由国务院批准设立，承担国家重大发展和改革开放战略任务的综合功能区。

新区的发展目标是保持经济增长速度在比较长的时期内快于所在省（区、市）的总体水平，着力提升经济发展质量和规模，将新区打造成为全方位扩大对外开放的重要窗口、创新体制机制的重要平台、辐射带动区域发展的重要增长极、产城融合发展的重要示范区，进一步提升新区在全国改革开放和现代化建设大局中的战略地位。

从该政策文本所提出的新区发展原则来看，都完全适用于曹妃甸的发展，同时该政策文本所确立的优化发展环境的措施，也都是曹妃甸目前发展中迫切需要注意的。

比如，文件指出，"强化金融支持。支持新区充分利用市场机制引进各类金融机构及其分支机构，加快完善金融服务体系。鼓励银行业金融机构加大信贷投放力度，创新金融产品。支持新区符合条件的企业通过发行企业债券、中期票据、保险信托计划等多种融资方式筹集建设资金。鼓励开发性金融机构通过提供投融资综合服务等方式支持新区发展。完善投融资体系，鼓励央企、省属国企业和民营企业等各类投资主体参与新区建设发展"。

曹妃甸走到今天之所以磕磕绊绊，很重要的原因之一是金融支撑体系没有构建，这是非常遗憾的。一个地方的发展定位和口号再响亮，如果没有金融体系支持，肯定是持续不下去的。开发体量越大，越需要综合的金融服务体系支撑。

另外，考虑到每一个国家级新区的申报和建设中，都需要承担国家重大发展和改革开放战略任务，就曹妃甸而言，其或许可以在循环经济、生态城市、工业转型等领域进行改革探索。但在我们看来，港城互动发展模式的探索可能最具代表性和唯一性。

我国港口建设已经很成熟，很多港口的规模和吞吐量已经跻身世界前列，成为全球经贸往来的关键性节点。而且与世界城市分布格局类似，中国最发达最成熟的城市也几乎都分布在沿海地区。而港城之间互动明显不足，而接下来在我国陆海统筹战略之下，无论是对城市功能完善以及开放性提升，还是对港口经济转型升级的需要，港城互动都需要迈出关键性的一步。

如果要对曹妃甸地区发展的资源禀赋进行评估的话，港口资源应该是最具代表性，所以曹妃甸的发展首先要在港口上做文章。

另外，我们在思考港口优势的时候，在思考视野上要实现突破，首先要正视中国北方港群格局的现实，抛开传统的第一阶段的腹地经济和临港工业的竞争模式，用港城互动的逻辑驱动区域内的人口集聚、产城融合、城市提升等。

图12　河北唐山曹妃甸生态湿地　摄影：叶一剑

比如，曹妃甸这里有丰富的湿地资源，依托港口、湿地，完全可以尝试打造一个文旅产业链，也只有这样才可能实现曹妃甸的特色发展。

而且，无论是对国家、河北省还是唐山市来讲，曹妃甸国家级新区的战略布局都是一举几得的事情。

对国家而言，可以在很大程度上化解上一轮区域开发中的区域存量困境，对化解地方性金融风险提供支持；可以对中国新型城镇化过程中一大批沿海城市的港城互动发展模式进行探索；可以为唐山的转型发展提供战略支撑（唐山的发展模式转型不仅事关唐山经济成败，而且对改善京津冀地区的环境有直接影响，社会价值不比经济价值小）；可以为京津冀协同发展战略打造一个新的支点。

就像四部委的指导意见指出的，"围绕区域发展总体战略和'一带一路'、京津冀协同发展、长江经济带等重大国家战略的总体布局，严格落实新区总体方案和发展规划的有关要求，突出体现落实国家重大改革发展任务和创新体制机制的试验示范作用，加快集聚特色优势产业，推动产城融合和新型城镇化建设，提高资源利用效率，改善生态环境质量，大力促进新区健康发展，为保持国民经济持续健康发展做出新贡献"。

又一个转折时代来临了。关于曹妃甸的优势，从孙中山先生的《建国方略》到其后的很多国内外媒体的论述，都已经讲过很多遍，这也是河北省启动曹妃甸开发的主要理由之一。

回顾过去十多年曹妃甸开发建设的历程，虽然决策过程充满争议，但客观来看，曹妃甸无非是在一个还算恰当的时间选择了一个当时最主流的发展模式，并且其开发魄力也一度为曹妃甸赢得了一个比较好的预期。只不过面对全球性经济周期的变迁，使得一度充满希望的决策更多地被不确定性所打破，以至于使曹妃甸成为中国上一轮区域开发模式困境的典型代表之一。

而面对全球经济周期再调整以及中国发展战略资源的再配置，曹妃甸没有理由不在这新一轮的变革中寻找自己最合适的角色和定位，这对实现一个区域的发展理想很重要，而且，对唐山城市经济转型以及中国沿海经济开发都具有很大的意义。

曹妃甸的国家级新区的战略诉求现实性已经具备，一个面朝大海和未来的曹妃甸接下来需要的就是等风来，就像湘江新区获批国家级新区之前一样。

第四节　正定新区的价值

在雄安新区被作为"千年大计"提出时，南边125公里左右的正定古城的历史已经超过一千年了。在正定古城东边，作为河北省内另一个重量级新区的正定新区，也已开建多年。雄安新区的消息一出，正定新区将向何处去再次被热议。

此前，正定新区一直作为河北省打造功能齐备的省会城市的重要城市空间载体，以及在京津冀协同发展战略背景下，河北省承接京津产业转移、新兴产业集聚的主要平台，官方曾公开表示将直接对标北京的中关村和天津的滨海新区，媒体也曾报道正定新区将申报国家级新区。

那么，有了雄安新区的建设，正定新区的建设将如何决策？如何看待正定新区建设的综合价值？正定新区还有没有必要申报国家级新区？一系列新的思辨正在河北展开。

对标天津滨海新区

正定新区所在的正定县历史上是北方军事和文化重镇，原本便有着不错的经济底子，虽然只有45万的人口，但在中国社会科学院2015年县域经济竞争力排名中位居河北省内第二。

2009年，河北省提出石家庄要按照500万人口城市框架谋划城市发展。石家庄市委、市政府作出北跨滹沱河发展、建设正定新区的决策。正定新区由此诞生。

正定新区规划面积135平方公里，起步区是位于南至滹沱河北面、正定古城东边一片35平方公里的土地。经过8年发展，起步区已从曾经的乡村农田变为一个初具格局的现代化新城。

图 13 正在建设中的正定新区 摄影：叶一剑

根据官方发布信息，正定新区起步区内，正以"三横三纵"的道路网建设，构筑起步区发展骨架；以滹沱河、周汉河整治以及园博园、滹沱公园建设，构筑起步区生态格局；以行政中心、文化中心、会展中心、体育中心、金融后台服务中心、总部经济等大型公共设施项目带动，力争用 3 ~ 5 年时间建成 10 平方公里展示省会形象的新地标区域。

现在正定新区已被纳入石家庄的主城区范畴内。根据《石家庄市新型城镇化和城乡统筹发展规划》，石家庄将建设"一河两岸三组团"的省会都市区，"形成以主城区、正定古城和正定新区为核心，以藁城、鹿泉、栾城规划建设区为组团，以滹沱河、环城水系为生态廊道的组团式生态型空间布局结构"。

按照该规划，到 2020 年，石家庄的都市区城镇人口总规模将达到 427 万人，其中主城区 300 万人，正定及正定新区 60

万人。

而在 2017 年 2 月，正定县、正定新区开始启动"县区合一"管理体制改革，正定县和正定新区一套班子两块牌子。这被认为困扰很多区域的开发区和行政区"两张皮"现象，被新的"政府＋开发区"模式取代，这将更有利于资源优化配置和行政效率提升。

至此，石家庄已基本完成了对正定县、正定新区、正定古城、正定国际机场、石家庄综合保税区等区域的整合，形成位于滹沱河北岸的"大正定新区"。

2016 年 1 月，河北省会城市规划建设管理工作会议提出，省会建设的六个关键突破口包括：加强省会规划工作、加快产业转型升级、打赢污染防治攻坚战、强力推进大正定新区建设、大力提升省会城市建设管理水平、全面深化改革开放。

2017 年 1 月 16 日，石家庄市长（时任代市长）邓沛然在正定新区调研时表示，正定新区是省会跨河发展的重要支撑区和引领区，其发展要对标北京中关村和天津滨海新区，成为京津冀协同发展创新的示范区。

重塑老城石家庄

在省会城市的周边地区，以一个新区新城的建设，拓展城市发展空间，打造经济发展增长极，这在全国范围内已是常见现象。

之前，兰州新区、福州新区、天府新区、哈尔滨新区、长春新区等，其逻辑都是在发展空间逐渐紧迫的主城区之外，打造一个新的城市空间和产业增量，新旧城互动，以推动省会城市的空间、功能、品牌等多方面的重塑。郑州的郑东新区，经过多年发展已经和老城区连为一体，并且成为郑州市的地标区域。

正定新区的营造逻辑也基本类似。对于石家庄而言，正定新区的建设，也将重塑石家庄。2017 年 1 月，石家庄市委副书记、代市长（现为市长）邓沛然到正定新区进行调研时指出，正定新区是石家庄建设发展的核心，把正定新区作为京津冀协同发展战略的支点来打造，作为"第三极的皇冠"来打造。

更具体的表现是，通过正定新区的建设，滹沱河变成了石家庄的城市内河，不仅为市民提供了休闲游憩的新空间，同时通过城市水系的复兴，让原本被半干旱气候主导的城市气质为之大变，增加了石家庄的温润感。

正定县的历史可以溯至三国时代，为蜀国名将赵子龙故里。正定古城里保留了丰富的历史文化遗存，例如保存完好的大佛寺，曾被梁思成先生誉为"京外名刹之首"。可以说，石家庄的历史大多体现在正定，借助正定新区的建设，石家庄城市的文脉将和正定接续，这也将会提升石家庄城市文化的厚度和内涵。

当然，与这些明显可见的好处之外，对石家庄存量"城市病"的疏解也是正定新区建设的逻辑起点之一。

2014 年，石家庄市区每平方公里高达 5243 人，在全国省会城市市区中人口密度最大。就在当年，石家庄就进行了一轮大调整，西、南、东三面的几个县、县级市被撤销改区，使市区面积扩大近 4 倍，市区人口增长近 6 成。但这次区划调整，并未带来老城人口转移，老城依然拥挤。

石家庄更密集的人口集中在二环内。《石家庄日报》2014 年 9 月的一篇报道显示，石家庄一环以内人口密度达到每平方公里 3.27 万人，一环至二环区域人口密度也高达每平方公里 2 万人。也就是说，石家庄二环以内的人口密度，更甚于北京人口密度最高的西城区（2015 年为 25767 人/平方公里）。

和人口密度过高相伴的是交通的拥堵。2016 年 6 月，滴滴出行与第一财经商业数据中心联合发布的一个报告显示，石家庄为"全华北最拥堵的城市"，而北京、天津、太原紧随其后。

过高的人口密度和交通的拥堵，消耗城市应有的高效率优势，让城市的优越性被大打折扣。石家庄也一直在老城外寻找新空间，以求疏解老城的压力。过去几年，石家庄在西、南、东几个方向不断拓展，而过去几年的实践证明，北跨滹沱河才能找到石家庄新的发展大空间。

"北跨"战略拉伸了石家庄的城市骨架，跳出了南岸局限，避免了继续"摊大饼"，而选择正定新区营造一座全新的现代化新城市，这和原来的在其他三个方向的延展有着极大的不同。

2017 年 5 月 2 日，《石家庄市人民政府关于市政府领导班子成员、市政府党组成员工作分工的通知》中提到，市政府党组副书记毛全球，协助市长负责市四大班子机关及部分市直部门搬迁至正定新区的工作。这被外界认为是石家庄市四大班子未来迁入正定新区的明确信息。

正定新区的城市化使命

正定新区对于石家庄的价值，不仅仅是城市空间的一个增量那么简单，它更是石家庄进行空间转换腾挪、推动新城勃兴、促发老城新生的重要平台。

在近代华北新兴城市中，石家庄属于因交通建设而兴盛的城市类型。铁路运输业的发展和商业的繁荣，为石家庄工业的崛起提供了良好的原料、运输及销售环境。这座"火车拉来的城市"的现代城市发展史至今已百余年。

　　而石家庄作为省会的历史较短，从 1968 年河北省会迁至石家庄算起，至今 50 年。国内其他任何省会（或自治区首府）作为一个省份的政治中心的时间，大多比石家庄更长。

　　省会往往是一个省的政治、经济、科教、文化、交通中心，是一省的形象和窗口，而其地位的表现之一为省会经济首位度。但就目前而言，石家庄对河北省的经济驱动，类似"小马拉大车"。

城市	2016 年 GDP（亿元）	常住人口（万人）	人均 GDP（万元）
石家庄	5857.8	1078.46	5.43
唐山	6306.2	780.12	8.08
保定（不含定州）	3110.4	1034.90	3.00
邯郸	3337.1	943.30	3.54
廊坊	2706.3	456.32	5.93

　　从上表可以看出，石家庄是人口规模凸显的省会，但这种人口规模上的地位并没有带来相应位次的经济体量。其经济规模小于唐山，人均 GDP 也落后于唐山和廊坊等城市。和其他省会城市对比，石家庄的省会经济首位度偏低表现得更为明显。

城市	2016 年 GDP（亿元）	常住人口（万人）	人均 GDP（万元）	省会人口占比	省会经济首位度
石家庄	5857.8	1078.46	5.43	14.44%	18.4%
郑州	7994.2	972.0	8.29	11.31%	19.9%
合肥	6274.3	786.9	8.01	12.70%	26.0%
太原	2955.6	434.44	6.82	11.80%	22.9%
济南	6536.1	723.31	9.10	7.27%	9.75%

　　上表对比中，石家庄是人口最多的省会城市，且其人口在全省占比也是各省会中最高的。然而，石家庄的经济规模又处于倒

数第二，人均 GDP 处在末位。从省会经济首位度来看，石家庄的占比为 18.4%，和其他省会对比，这个数值偏小。

较为广泛的共识之一是，石家庄经济发展的问题主要体现在：经济总量不够大，在全省的首位度不够高，辐射带动能力不够强，与全国先进省会城市的差距较明显；产业结构还不尽合理，产业水平与转型升级的要求不相适应，传统支柱产业质量效益不高，战略性新兴产业和现代服务业尚未形成有效支撑；改革创新驱动发展的动力不强。

作为省会，石家庄是河北的"火车头"，在全省协同发展、转型升级、又好又快发展的进程中，省会应当"多拉快跑""换挡提速"。

图 14　河北石家庄正定新区　摄影：叶一剑

2016 年 1 月 25 日，在河北省省会城市规划建设管理工作会议上，时任河北省委书记赵克志指出，要把石家庄加快建设成为全省的政治中心、经济中心、科技中心、金融中心、文化中心和商贸物流中心。

正定新区作为石家庄城市营造的增量被寄予厚望，其价值体现在成为石家庄新的经济增长极，提升石家庄经济规模，并通过科技创新等要素的集聚，推动产业转型升级。

不仅如此，沿着旧地图找不到新大陆。在方塘智库看来，正定新区的建设还应该在城市化模式上有所创新，正定新区的城市营造从一开始就应该秉承"创新、协调、绿色、开放、共享"的新发展理念，避免新的城市病的产生，甚至直接对标雄安新区的建设理念，并在技术上寻求务实突破，这将是正定新区获得来自国家层面战略布局的重要逻辑依托之一。

正如河北官方所发布的，在正定新区的建设理念中，低碳、生态、智慧成为重要的关键词，正在推进城市发展方式的创新实践，通过诸如海绵城市、低影响开发、地下综合管廊等建设，营造一座绿色和谐、生态宜居的现代化新城。

第五节　为什么是雄安新区？

2017 年 4 月 1 日，新华社发布一个重磅消息，党中央、国务院决定设立雄安新区，规划范围涉及河北省雄县、容城、安新 3 县及周边部分区域。此前河北一直没有国家级新区，但却等来了雄安新区这个"大招"。雄安不是一般的国家级新区，其战略意义更是非凡，官方的表述是"继深圳经济特区和上海浦东新区之后又一具有全国意义的新区，是千年大计、国家大事"。

消息出来之后引起强烈关注。"雄安"这个之前还很陌生的词语，现在已成为热门话题。至今，这个话题的热度依然不减。

而在对雄安新区这个仍在纸面上的城市的审视，也从国家战略到城市建设理念，再到空间、产业、技术等层面不断展开。

在京津冀协同发展战略的背景之下，河北大地上崛起一个乃至多个的重量级城市有其必然性。但在过去很多解读当中，河北崛起的城市，应是京津两个大城市之下级别较低的一个城市，形成一个围绕京津冀地区的多个具有承接京津产业转移的"二传手"功能的三线城市，或者说是卫星城，以优化城市结构布局，构建起一个具有溢出传导机制的京津冀城市群。雄安新区的设立，超越了之前的这种认知。

一是北京非首都功能的疏解，除了由天津、河北已有的城市平台来分散承载，还要有一个全新的雄安新区来集中承载。二是这个新的城市增量的级别也出人意料，雄安新区不是简单的"二传手"——对标深圳特区、浦东新区以及"千年大计、国家大事"的表述，便是试图在时空坐标上为雄安新区的战略意义进行定位。

河北保定市的白洋淀周边地区，这一片宁静的土地，自从被冠以"雄安"的名称之后，已经成为全国聚焦的热土。这一个被视作"一张白纸"的地方，又将如何安放一个大国首都重塑的"千年大计"的雄心呢？

北京的"多点一城"疏解

在京津冀协同发展战略下，北京非首都功能的疏解是雄安新区建设的第一要义。传统的区域经济增长极的意义，虽然也是雄安发展的意义之一，但很难称得上"具有全国意义"，更难称得上"千年大计"。只有从首都北京的重塑维度来看，才能看出设立雄安新区对整个国家以及未来的全局性影响。

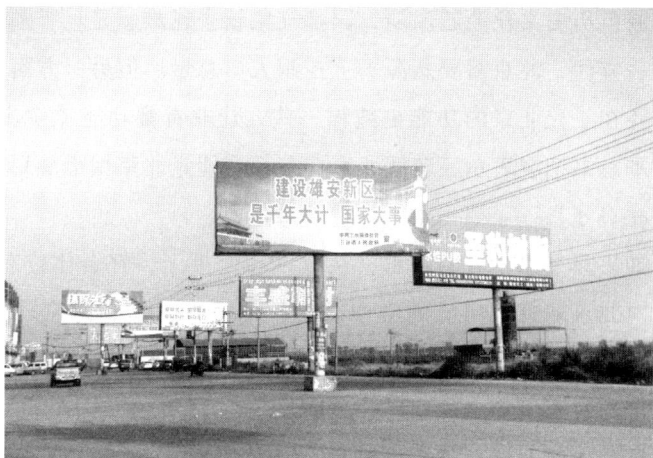

图 15　雄安新区：千年大计，国家大事　摄影：宋彦成

自从京津冀协同发展战略提出，北京非首都功能的疏解，既是其中一个重要目的，也是其中一个关键环节。

北京非首都功能的疏解，需要北京的增量空间和天津、河北，尤其是河北的承载。但河北由于原来城市基础薄弱，很多产业和人才接不住。而正是因为基础的薄弱，河北反倒又更急迫地需要北京疏解出来的产业和人群。

这种困境的存在，也使河北承接北京的疏解远比起初想象的更艰难。北京很多非首都功能的转移，需要一个长链条的产业集群、优越的产业生态和众多高端人才的集聚来支撑，但这显然也不是河北的很多城市在短时间内就能建立起来的。

然而北京的非首都功能疏解早已势在必行，城市用水的压力已经给出了明确的人口红线，目前的交通拥堵、效率降低、空气污染等问题，已经让城市的优越性大打折扣。作为九朝古都的北京，人口承载量逼近极限，腾挪空间渐趋萎缩，城市越来越拥挤，城市历史文化渐趋羸弱，国都气象越来越难彰显。

一方面，北京需要从源头上控制人口总量。但另一方面，根本上还在于让北京的功能更纯粹一些，让非首都功能疏解出去。习近平总书记曾表示，疏解北京非首都功能是北京城市规划建设的"牛鼻子"。

如果只是靠零散的疏解，从效率和效果上，都会比较有限。因而对北京非首都功能的集中疏解，也一直是治理北京"肥胖症"的关键药方。从党的十八大算起，雄安新区的动议和论证差不多经过了四年多的调研、论证。

还需要注意到，分散疏解和集中疏解，在承载平台上又是不同的。分散疏解对应的是京津冀地区已有的城市空间存量——最典型的就是天津滨海新区等，将北京的资源分解到众多城市中。而集中疏解，则是城市空间的增量概念，是新建一座或多座新的城市，用于集中承载从北京疏解出来的功能。

2015年2月10日，习近平总书记主持召开中央财经领导小组会议审议《京津冀协同发展规划纲要》，习近平总书记提出，推动京津冀协同发展思路要明确，重点把握好"多点一城，老城重组"的思路。也就是说，零散疏解和集中疏解，作为两种思路和路径一直是并存的，既要在原有的城市基础上多点疏散，也要研究思考在北京之外建设新城承载北京的集中疏散。

雄安新区的建设推动北京的集中疏解，说明了北京的首都重塑选择了"跳出去建新城"的模式，而这种模式在全球范围内的首都治理中其实并不罕见。

日本首都东京是世界超级大城市之一，但人口过度集中，住房、交通、环境、能源供应等方面压力巨大。为改变东京"一极集中"的状况，东京出现了新宿、涩谷、池袋、大崎等诸多

"副都心"，以及筑波、幕张、埼玉、横滨等"新都心"，成为
"大东京版图"上的重要节点。

韩国首尔也面临着人口密集、地价飞涨、交通拥挤、环境污
染等问题，2013 年 7 月 1 日，韩国正式启用行政中心城市世宗
市。韩国 16 个中央部门和 20 个下属机构迁移到世宗办公，已有
超过 10000 名公务员在世宗工作。

为什么会是雄安?

"跳出去建新城"，推动北京非首都功能疏解的集中承载，
雄安新区在此背景下应运而生。国家发展改革委主任何立峰说，
"雄安新区的选址是从实际出发，经过反复比选、科学研究、专
家严格论证后，最终确定了这个区域"。

为什么会是雄安呢? 或者说，在河北广阔的土地中，为什么
选择目前这个围绕白洋淀的地区，来安放"千年大计"的雄心?

第一，大面积的土地需求，使其只能出现在河北省。雄安
新区规划建设以特定区域为起步区先行开发，起步区面积约
100 平方公里，中期发展区面积约 200 平方公里，远期控制区
面积约 2000 平方公里。2000 平方公里的土地面积，比深圳还
大，是通州的两倍多，接近滨海新区。如此大面积的土地需
求，同时又要求区位优势、开发程度低，显然只有河北省内才
能找到了。

第二，区位优势明显。北京非首都功能的集中承载地，既要
依托北京、天津、石家庄等现有大城市的资源，又要交通便利，
地理条件适中。雄安新区的范围多属保定市内，而保定历来有京
畿重地、首都南大门之称，区位优势显著。加之雄安新区又地处
北京、天津、保定腹地，区位优势更加凸显。雄安的交通便捷通

畅，现有多条高速公路、铁路，可比较快地基本形成与北京、天津、石家庄半小时的通勤圈，保津城际铁路白洋淀站，每天有10 趟列车开往保定方向，15 趟列车开往天津方向。

第三，水资源丰富，生态环境优良、资源环境承载能力较强。从地图上便可以看出，雄安新区的水资源丰富。雄安新区所围绕的白洋淀，在地图上是华北平原唯一的大片蓝色，也是华北地区最大的内陆湖，汇集了太行山脉的 9 条河流，形成总面积366 平方公里的 146 个大小湖泊群。

而且据报道，雄安地下有储量巨大的地热水，可以为新区提供大量的清洁取暖资源，成本低，无污染；此外还拥有丰富的饮用天然矿泉水资源。据称，其储量达 4 亿立方米，是西藏冰川、东北长白山之外又一个丰富的矿泉水水源地。

水是生命之源，也是城市发展之源。北京的人口上限，本质上就受制于水资源的日益紧缺。而雄安新区坐拥白洋淀，可满足区域生态用水需求。

而雄安作为一座新型的现代化城市，我们也期待其能在水资源高效利用、城市水系治理、湖泊治理中，为中国提供构建水城和谐关系的典范。

第四，现有开发程度较低，发展空间充裕。对于一个新区新城建设而言，首先面临的就是如何对待原有的居民和建筑的问题。从国内新区新城建设实践来看，必然会涉及大量的拆迁安置等工作。如果选择在原有的城市基础的区域进行新城的规划建设，必然会耗费大量的社会和时间成本，从而影响新区建设的速度。

相比于原有城市基础的区域而言，开发程度较低区域进行新区新城建设，其社会成本会有效降低，并且能够减少原有城市格局对现代城市理念与规划落地的制约，从而实现所谓的"白纸上好画图"。

对此，京津冀协同发展专家咨询委员会组长、中国工程院主席团名誉主席徐匡迪表示，"（雄安）这个地方人口密度低、开发程度低，发展空间充裕，如同一张白纸，具备高起点高标准开发建设的基本条件"。

中国首都的现代重塑

习近平总书记表示，"北京历史文化是中华文明源远流长的伟大见证，要更加精心保护好，凸显北京历史文化的整体价值，强化'首都风范、古都风韵、时代风貌'的城市特色"。

雄安新区的建设，将推动北京非首都功能的集中疏解，在这之后，肥胖的北京才能减肥，获得更大的腾挪空间，进而推动这个古老都城的现代化重塑。在这一重塑进程中，有如下几个要点：

一是更加突出核心功能。北京"全国政治中心、文化中心、国际交往中心、科技创新中心"的功能定位，体现着城市发展的价值。要正确认识和处理好"都"与"城"的关系。北京要以大历史观来看待城市副中心建设，着力构建功能清晰、分工合理、主副结合的空间格局，加快形成北京城市发展的新骨架。

在通州建设的北京市行政副中心，需要抓紧行政办公区建设，2017年北京市属行政事业单位整体或部分迁入取得实质性进展，带动其他行政事业单位及公共服务功能转移；坚持把基础设施、水生态廊道和大尺度生态空间建设摆在优先位置，加快配置教育、医疗、文化、公园绿地等公共服务设施，健全互联互通的交通体系。

143

二是老城重组。根据北京"十三五"规划纲要，城六区（包括东城区、西城区、朝阳区、海淀区、丰台区和石景山区）是首都"四个中心"功能的主要承载区、国际一流和谐宜居之都建设的重要区域，也是疏解非首都功能的关键区域。北京将推进实施老城重组，优化调整行政区划，强化政治活动、文化交流、国际交往和科技创新等服务功能。

坚持调整疏解与优化提升并重。积极推进朝阳区、海淀区内涵、集约、高效发展，优化完善丰台区、石景山区城市功能，为首都核心功能提供承载空间。促进金融管理、信息服务、商务服务等生产性服务业专业化、高端化发展，改造提升传统服务业，进一步提升生活服务业发展品质。疏解非首都功能，降低人口密度，控制建设规模，提高企事业单位在城六区扩张的门槛，促进城市空间集约高效利用。

三是明确城市的边界。过去，北京从二环到六环的不断扩张，成为中国城市"摊大饼"的负面典型。而在本轮北京重塑中，确定城市便捷、抑制城市的盲目无序扩张，是必然工作。北京提出，将以资源环境承载力为硬约束条件，把人口总量上限、生态红线、城市开发边界三条线明确为城市的边界。2017 年 2 月，时任北京市长蔡奇也表示，疏解北京非首都功能腾退出的空间不再建设，而要留白增距，将其变成绿地，变成公共服务设施。

北京还将积极探索量水发展的新模式、新途径，坚决打好环境污染治理攻坚战。北京的发展要着眼于可持续性，在转变动力、创新模式、提升水平上下功夫，发挥科技和人才优势，努力打造发展新高地。对大气污染、交通拥堵等突出问题，要系统分析、综合施策。

四是控制人口的总量上限。北京在 2020 年的人口总量上限要控制在 2300 万人以内。时任北京市长蔡奇曾经表示，2016 年北京中心城区人口已经下降了 11 万人，实现了由增到减的历史性拐点。

在人口总量控制的基础上，北京实施居住证制度，稳妥推进在京稳定就业和生活的常住人口落户工作；建立住宅出租规范化管理制度，推动老城直管公房管理体制改革；完善促进人口转移机制，研究户随人走的迁出政策和鼓励户籍外迁政策；统筹利用疏解腾退出来的空间，主要用于优化提升首都核心功能、改善居民生活条件、加强生态环境建设、增加公共服务设施。

五是更加突出协同发展，融入京津冀。建立与承接地对接机制，推动形成"多点一城"疏解格局。北京各区要找准自身定位，更加积极主动地融入京津冀协同发展大格局。在具体的操作环节，北京将努力实现交通一体化、生态环境保护、产业升级转移三大重点领域的更大突破，推进协同创新共同体建设，加强公共服务共建共享，更好发挥北京"一核"的作用。推进京津冀交通一体化发展，推动首都外环线、北京新机场等重大交通工程建设，协同建设"轨道上的京津冀"，等等。

六是弘扬历史文化，突出文脉传承。习近平表示，"北京是世界著名古都，丰富的历史文化遗产是一张金名片"。对历史文化的弘扬，对文脉的传承，是首都重塑的应有之义。

根据相关表述，北京将制定实施北部长城文化带、东部运河文化带、西部西山文化带保护利用规划，实施历史文化名城整体保护，推进文物院落的腾退搬迁，加大文物保护单位、胡同四合院保护修缮力度，保护好古都风貌这张中华文明的"金名片"；深化对北京各类优秀历史文化资源的研究利用，鼓励和支持社会力量办博物馆、纪念馆。

北京还加快构建涵盖旧城、中心城区、市域和京津冀的历史文化名城保护体系，更加精心保护好世界遗产，加强对"三山五园"、名镇名村、传统村落的保护和发展，凸显北京历史文化的整体价值，强化"首都风范、古都风韵、时代风貌"的城市特色。

第六节　雄安新区会是中国版的理想城市吗？

意大利作家伊塔洛·卡尔维诺的《看不见的城市》一书，像一个由各种虚构城市组成的迷宫，更像是一本有关城市记忆、欲望、符号的寓言。卡尔维诺说，"城市犹如梦境，凡可以想象的东西都可以梦见"。而理想城市也属于可以想象的。但卡尔维诺想象中的理想城市是怎样的，他的这本虚构了无数城市的书里，并没有展开描绘。

城市是人类最重要的发明，但也是一系列"城市病"的温床，而关于理想城市的思想与践行，几乎从城市诞生的那一刻起就没有停歇。从柏拉图的《理想国》到托马斯·莫尔的《乌托邦》，从雅典宪章到马丘比丘宪章，从霍华德的田园城市到赖特的广亩城市，从勒·柯布西耶的基于汽车尺度的梦幻之城到简·雅各布斯的愤怒……

今天的中国，正在华北平原上建造一座叫雄安新区的新城市，它属于北京首都重塑的一部分，也被视作京津冀地区协同发展战略的关键钥匙。从 2017 年 4 月 1 日突然宣布设立雄安新区，这座如今依然"看不见的城市"，却已开始装满了无数人的欲望与想象了。

最早赶来雄安"掘金"的似乎是炒房团，不过炒房的狂欢尚未开始就已收场。而在城市营造上，除了有关部门公开表达的雄安新区营造理念以外，很多人也开始将自己对理想城市的设想投射其上。

高起点、高标准，严禁大规模开发房地产，避免"大城市病"，保护绿色生态，延续历史文脉，海绵城市，农民就地安置、PPP 模式等，都是在雄安新区建设探讨中被反复提及的词汇。

过去三十多年里，中国经济的高速崛起几乎和城镇化率的快速提升同步演进，并且二者间存在着鲜明的正向互动关系，但大大小小的城市几乎都存在着大大小小的病灶。人们希望，一座新城市的崛起，能够回应新的时代与社会对城市变革的期待。

雄安新区的建设营造，在很大程度上便是中国关于建设理想城市的一场重要的实验与实践，并且在人文、技术、制度等多个层面变成启示中国城市发展与变革的样本。当然了，理想城市践行从来都不易，并且也从来都没有终点。

城市和密度

2017 年 4 月 26 日，雄安新区举行的首场新闻发布会披露，已明确 1＋N 规划体系，所谓"1"就是新区总体规划，"N"就是起步区控制性规划、启动区控制性详规、白洋淀生态环境治理和保护规划等综合性规划以及新区经济社会发展、创新体系、产业布局、交通路网等专项规划。其中，雄安新区计划将 30 平方公里启动区的控制性详规和城市设计，面向全球招标。

未来雄安新区具体会是怎样的面貌，现在不得而知。目前能明确的是，雄安新区整体的人口密度是不高的。根据新华社之前的报道，雄安新区远期将承载 200 万～250 万人口，未来其远期控制面积将达到约 2000 平方公里。所以，哪怕是在扣除白洋淀的 366 平方公里的水域面积之后，其远期的最高人口密度也只能达到 1500 人/平方公里。

这里就有一个问题出现了，这些人口将在雄安新区的土地上如何分布。是像星星点缀夜空那般，把人口尽可能分散地洒在雄安的土地？还是让人口有疏有密地分布，比如说把人口尽可能地集中在主城区，而让郊区田野尽可能的空旷？

这个问题，其实也曾被美国学者爱德华·格莱泽提过。他在《城市的胜利》一书的引言部分里写道，"随着印度和中国的逐步富裕，两国人民将面临一种可能会对我们所有人的生活产生重大影响的选择。他们会仿效美国人迁往以汽车为基础的远郊区，还是坚守在对环境更加友好的、人口密度较高的城市？"。

第一种选择，就如同霍华德的城市分散主义道路，或是美国建筑师赖特在 20 世纪 30 年代倡导的"广亩城市"。他们两位都认为，借助逐渐普及的汽车和廉价的电力，城市已无必要集中起来，而应该向农村地带发展，这样一来既享受城市优点，又不失田园之趣。

但雄安新区显然不可能走这种高度分散的路子。城市的密度太低，其实就是"摊大饼"，既奢侈又不安全。美国西部的洛杉矶、菲尼克斯等城市，就是典型的"广亩城市"，目前正遭受着城市安全、中小商业衰落、资源能源消耗等问题的困扰。

方塘智库认为，未来雄安新区的城市必然会有清晰的边界，在边界之内应保持较高的人口密度，而边界之外则保留湖泊、田野，作为整个城市的生态基地，以及作为城市与城市之间的过渡带。

雄安新区的城市密度将体现在城市边界之内，尤其是主城区作为人口聚集地，需要用更高的人口密度来便利人群、资源、设施的集聚和交流。虽然雄安新区的远期人口规模只相当于地市级城市，属于国家发展改革委城市标准中的二类城市，但主城区的人口密度则不应明显低于北上广。

事实上，今天北京的交通拥堵等问题，其实根源并不在于城市人口密度太高，而在于城市太过庞大以及职住分离的空间结构带来了巨量的长距离通勤交通需求。未来雄安新区的主城区人口密度应该会超过 1 万人／平方公里，而局部区域达到的密度超过 2 万人／平方公里也不值得奇怪。

创新的城市

美国学者特拉菲尔在《未来城市》中说，"我们可以建造出任何都市，只要我们能知道自己想要什么"。

那么，中国需要怎样的一座雄安新区呢？或者说，雄安新区会是怎样的一座城市，会和北京有怎样的相同和不同？

北京是一座以政治为第一逻辑的城市，加拿大学者贝淡宁在《城市的精神》一书中，将北京形容为"政治之城"。他写道，"（北京）这个城市充满了国家的象征"。

而雄安新区作为北京非首都功能疏解的集中承载地，它会不会或者说有没有必要成为一个规模较小的"政治之城"呢？我们认为不然，以下两个方面进行解释：

一是雄安并非"首都副中心"。在设立雄安新区消息发布当天，有一种观点认为"雄安是首都副中心"，但不久就被《人民日报》的一篇评论文章明确否定。这篇文章写道，"雄安新区既不是一些人一厢情愿认定的'声东击西的迁都'，也不是在通州北京副中心之外再建一个'首都副中心'"。

二是雄安新区承载的都是从北京疏解出来的非首都功能。雄安新区的定位是重点承接北京疏解出的与全国政治中心、文化中心、国际交往中心、科技创新中心的定位无关的城市功能，包括行政事业单位、总部企业、金融机构、高等院校、科研院所等。这些都无法像北京那样"充满了国家的象征"。

当然了，从北京向雄安新区的产业和人口疏解，势必需要行政的意志。而且我们也看到了，过去一段时间以来，不断有省市、部委、央企等表态，将全力支持雄安新区的建设。但未来，那些疏解出来的功能和人口一旦离开北京，就必然需要在雄安新区组合构建新的生态，这样才能在白洋淀畔落地生根，而这又将更多地仰赖于市场逻辑和制度的创新。

因而，我们或许可以把雄安新区称为"创新之城"。

习近平总书记强调，雄安新区要建设绿色生态宜居新城区、创新驱动发展引领区、协调发展示范区、开放发展先行区，努力打造贯彻落实新发展理念的创新发展示范区。

京津冀协同发展专家咨询委员会组长、中国工程院主席团名誉主席徐匡迪认为，雄安新区也将要"增强新区的自我发展能力，重点是要紧跟世界发展潮流，有针对性地培育和发展科技创新企业，发展高端高新产业，积极吸纳和集聚创新要素资源，培育新动能，打造在全国具有重要意义的创新驱动发展新引擎"。

雄安新区的建设被视为"千年大计，国家大事"，并与深圳特区、浦东新区相比肩。中国目前共有 19 个国家级新区，但只有雄安新区能和首个国家级新区浦东新区类比。而这种重要性的体现，除了雄安新区将承接其他新区难以比拟的政策和要素投放和全国关注度外，更在于其在制度创新层面获得了中央的"加持"。

国家发展改革委主任何立峰谈及雄安新区的设立意义时提及，雄安新区将"探索人口经济密集地区优化开发新模式，打造全国创新驱动发展新引擎，加快构建京津冀世界级城市群"。而最新的消息是，国土部将雄安新区作为国土资源管理改革试点。

相比于经济增长极的价值，雄安新区在体制创新上的意义将更为深远。如同经济学家李稻葵指出的，希望雄安新区变为GDP超万亿元、经济规模与大型城市相媲美的新型城市的想法，恐怕是不切合实际的，雄安新区的长久性、全局性的影响力将主要体现在经济发展、社会治理、生态文明建设的制度探索上的标杆性的创新意义。

城市和多样性

"每一次前往美国的旅途中，总会有这么一个人，第一眼发现自由女神像，然后大喊一声：America！紧接着，海轮上那些怀揣美国梦、淘金梦，不远千里来到美国的人们也发出近乎疯狂的欢呼。"

这是电影《海上钢琴师》里的台词。在欧洲前往美国的移民眼里，自由女神便是美国奇迹的象征。

让电影主角1900拒绝下船的，是对城市的恐惧——"那些城市，你就是无法看见尽头""阻止我脚步的，并不是我所看见的东西，而是我所无法看见的那些东西"。

城市没有尽头让1900感到无法掌控、无所适从，甚至恐惧。但对于欧洲移民们而言，这些岂不就是城市最具魅力的地方？城市没有尽头，不也正代表了其中隐藏的无限的机会和可能性？事实是，只有城市才能够容纳众多的外来人口，带来人口和产业的集聚，提供交流、交易的场所，甚至以财富和奇迹来奖励进取者和创新者们。

亚里士多德说，"人们为了活着而聚集于城市；为了活得更好而居留于城市"。2300多年后的上海世博会的口号是"城市，让生活更美好"，听起来像是在呼应亚里士多德。

对于雄安新区来说，顶层的制度设计是重要的。但在对雄安新区建设的审视中，不能只有城市设计者们自上而下的视角，还应该有自下而上的平民视角。相比于城市规划的精英们，简·雅各布斯便是站在平民的视角来看待城市的活力。

城市除了实现规划建设者的雄心和意图，还隐藏着无数个体和无穷的细节。正是所有的个体的加总，才能构成城市的全部。简·雅各布斯提出，城市的本质在于多样性，城市的活力也来源于多样性，城市规划的目的在于催生和协调多种功用来满足不同人的多样而复杂的需求。

我们应听进简·雅各布斯的劝诫。雄安新区的活力不仅仅在于高大上的产业导入，它终将是一个承载人的城市，那么就应该有着丰富的可能性，而不是一碗"单一的、毫无营养的稀粥"。

海明威也在《流动的盛宴》里写道，"如果你有幸在年轻时到过巴黎，那么以后不管你到哪里去，它都会跟着你一生一世。巴黎就是一场流动的盛宴"。我们也期望雄安新区不是一碗稀粥，而是一席盛宴。

理想城市永远随着时代和社会的变化而变化，而且不同的人理想也不同。在《看不见的城市》里，卡尔维诺虚构了一个叫"菲朵拉"的城市，菲朵拉市中心有座博物馆，收藏各种有关菲朵拉的城市模型。每个时代总有人想将菲朵拉建成理想城市，但在他制作未来的模型时城市已经发生变化，模型只能装入玻璃球，进入博物馆里存放。这是我看见的关于城市规划的最妙的一则寓言了。

世界上没有理想城市，雄安新区也难以成为理想城市。但人们会一直追求理想城市，就像吴良镛说的，"搞城市规划的人，不能没有理想"。

第四章　产业变革　县域崛起

【导言】

我们知道，受中国特色社会主义市场经济体制的资源配置机制的影响，中国上一轮经济的增长极与中国城市的行政序列有着高度的正相关关系（个别沿海地区因为受外贸型经济发展机制影响更大而实现了快速增长），绝大部分县域都成了经济增长的塌陷区。

河北的县域也是如此。但从现在开始，随着互联网、大交通、平台型企业的基础赋能，很多的县域都迎来了新的价值重估时代，其独特的资源禀赋成为新消费时代的稀缺资源，当这些资源越来越多地被市场机构所认同并开始通过更广泛、更市场化、更国际化的资源配置实现综合的价值变现的时候，县域经济有可能成为最具成长性和活力的中国经济构成，县域经济在整个国家经济构成中的角色和地位也需要重新来看待。

县域的基层政府面对县域发展中遇到的新形势、新问题和新困难，也开始非常努力地寻找新的解决方案，其视野和手段都不局限于传统的向上要资源要资金要支持，而是开始通过更多市场化的手段和更加市场化的企业进行合作，以获得更多的资源配置，从而为县域经济的转型发展提供更多可能。

我们认为，县域经济的转型发展将是河北转型发展成败的几大决定性变量之一。

而且，我们在调研中发现，在很多县域都存在着一两个传统特色产业，这些产业大多生发于二十世纪七八十年代，有些与当地的资源禀赋相关，有些关系不大，但这些产业或者说产业集群都吸纳了大量的当地就业人口，产值动辄过百亿，也都普遍依赖于极低的劳动力成本获得微薄的利润。有的和乡镇、村庄完全融合在一起，很多都给周边环境带来了污染，目前已经被列入环保整顿的对象，再加上新一轮行业变革，可以说，这些产业正处在生死存亡的关键节点。而且如果没有针对这些行业的战略咨询策划提供、人力资源导入、系统解决方案的供给等，三年到五年内这些产业基本上都会被颠覆。

而这些产业的存废与所在县域的发展转型密切相关，这种相关性不仅与经济增长相关，更可能直接带来一系列社会问题。所以说，这些产业的转型发展，与其说是经济问题，还不如说是民生问题和政治问题。

当然，等待这些产业集群的也并非必然是死亡，只是需要在来自政府的政策资源配置、企业自身的转型能力提升与来自外部的市场化的资源配置之间达成充分共识，通过具体的项目务实推动产业转型，并给县域经济的发展和新型城镇化的发展提供支撑。我们认为目前无论是对这些县域特色传统产业，还是对县域的综合转型而言，都处在一个新战略机遇期。

更为难得的是，我们在调研中发现，河北固安和大厂，在过去十年的发展变化，很好地印证了我们对市场化全球化资源配置对县域转型发展带来深刻影响乃至重塑的判断。河北县域转型的故事和逻辑，不仅是河北的故事和逻辑。

第一节 唐山丰南区转型思辨

在《京津冀协同发展规划纲要》中，河北省的功能定位是"全国现代商贸物流重要基地、产业转型升级试验区、新型城镇化与城乡统筹示范区、京津冀生态环境支撑区"。

考虑到唐山在河北省经济构成中的重要地位，以及唐山转型命题与河北转型命题的吻合程度，很显然，这一定位也是唐山本轮城市转型升级的定位背景，并深刻影响其自身城市空间布局以及产业转型升级的路径选择。

而我们比较关心的不仅是这一定位能否并如何作用于一个像唐山这样的具有良好的工业基础和工业基因的城市经济体的转型发展，而且，我们还希望将研究的目标进一步下沉，聚焦在一个县域经济体的京津冀协同发展之路。

一直以来方塘智库在唐山市丰南区的调研活动较多，其背后的逻辑之一就是，试图样本化关注一下这个尽管已经县改区但在空间和经济结构上依然保持了鲜明县域经济特色的地区的发展模式。

考虑到京津冀协同发展战略、县域经济转型升级、产能过剩疏解、世界园艺博览会举办以及大消费时代的产品供给调整等多重变革背景在这里交织，我们认为这一地区的转型不仅充满挑战，而且还有可能诞生一种对本轮经济转型升级具有广泛示范价值的发展模式。

有意思的是，当我们来到这里调研以后发现，这里的转型力量比我们想象的要丰富得多，比如一些典型企业的企业家，他们甚至从一开始就从超越京津冀协同发展战略的角度去思考自身企业的转型和区域的转型，所以，他们到全国考察和到其他国家考察的频率远超到京津的考察，他们的互联网意识非常明显和强烈，他们的产业变革意识务实且超前，并试图通过企业的招商、引资和引智等行为，不断地为本地发展提供资本、文化、制度和技术等多方面的增量供给。

县域经济也有春天。在方塘智库看来，这是一种更具活力和更具想象力的转型驱动力，再加上本轮京津冀地区巨大消费力的外溢和释放，如果能够再加上当地政府在行政管理、公共服务、商事活动等领域供给侧的改革，以唐山丰南区为代表的京津冀地区的县域经济的崛起可期，且可以尝试进行模式化推广。

县域经济新价值

中央在"十三五"规划纲要中提出要发展特色县域经济，当前唐山市坚定不移地实施沿海开放带动战略，做大做强沿海增长极、中心城市和县域经济"三大经济板块"，唐山丰南区搭乘县域经济发展的战略东风，可谓恰逢其时。

对于县域经济，党的十六大第一次提出了"县域"这个概念，而且发出了"积极推进农业产业化经营，提高农民进入市场的组织化程度和农业综合效益。发展农产品加工业，壮大县域经济"的号召。

党的十六届三中全会又进一步强调"要大力发展县域经济"，"十三五"规划提出要壮大县域经济，县域经济的问题被提上议事日程并受到前所未有的重视和关注，种种迹象和现实表明，中国走向县域经济时代已经是大势所趋。

考虑到京津冀地区城市格局中河北的特殊情况，中心城市战略甚至是区域性中心城市战略都很难成为河北区域和城市发展的理想选择，更多地应该立足于小城市和小城镇的发展战略，来进行京津周边的卫星城发展，以及基于县域经济的小城市和特色小镇的发展。

20 世纪 70 年代以来，发达国家以及一些大城市中心市区出现了"逆城市化"现象。中国的研究界有一种说法，改革开放前的中国可以称为"乡土中国"；改革开放后四十年的中国，可以称为"城市中国"。

当下和未来的中国，已经开始进入"城乡中国"的时代，城市和乡村不再是割裂的，城市人返璞归真到乡村寻求心灵的清静，逃离大城市的喧嚣，追寻心中的乡愁，这将成为常态。城乡之间互动发展将成为化解既有的城市发展问题和农村发展问题的必然出路。

在此情形下，县域经济也就成了很好的发展载体和平台，在县域空间内统筹区域综合发展转型以及与京津冀地区的协同发展，乃至全球资源配置。立足于京津冀地区乃至国内外的新消费模式的兴趣，重新思考县域内与文化、旅游、观光、休闲、健康、生态、农业、园林等产业有关的资源。

在方塘智库看来，京津冀协同发展需要县域经济异军突起，尤其是河北省各市县要如众星拱月一样，依托京津地区企业和研发机构集中的优势，主动对接京津资源，拓宽发展空间，实现产业发展互补互促，打造新的经济增长极。

此外，在县域经济、城乡统筹以及京津冀地区理想市镇体系等多个层面，统筹考虑特色小镇的开发，这不仅有利于在全球化背景下丰富京津冀地区的城镇化格局，也将直接推动地区县域经济发展。

目前对于特色小镇的内涵和外延还没有统一的标准，方塘智库提出，所谓特色小镇就是以当地独具特色的资源为依托，将城镇规划与建设、特色产业体系培育、特色产品打造、特色文化民俗、特色商贸活动等多维发展元素集聚、融合为一体，发展成为具有独特风情和魅力、对游客具有独特吸引力的特色文旅和宜居小城镇。

这里的小镇往往不是一个传统意义上的行政区域，而是一个具有某种要素集聚功能的区域。特色小镇不仅是县域经济的特色产业集聚之地，亦是增量的宜居空间。这样的特色小镇从一开始就可能是从全球品牌、产业和资本配置的角度来设计和发展的。

当然，考虑到这样的小镇体量有限，不可能在一个小镇范围内完成所有的配套，纵然是能够完成也不十分经济，这样的话，从县域的角度来统筹范围内小镇的定位和开发，应该是比较理想的选项之一，这也是包括京津冀地区在内的县域经济和特色小镇发展过程中需要思考的逻辑。

县域需要寻找自己的定位和特色

在方塘智库看来，包括丰南区自身也需要找寻多重战略背景下县域经济发展的方法，通过根植历史文化，找出符合其特色的资源，然后从传统产业入手，寻求升级转型之道，量身定做发展模式和发展策略。

大家都说大城市有更多的机会，这个机会是什么？是挣钱的机会，是就业的机会，是自己潜力最大化的机会，更是实现自己人生抱负的机会。

小城市的生活一定要安逸，一定要在大时代下找寻出自己的特色。如经济中心、政治中心、文化中心、信息中心、研发中心，这都是大城市的定位。像丰南区这样的小城市的定位要小，要从自身资源和特色出发，比如旅游小镇、民宿中心、休闲中心，在新型城镇化背景下，一定要从小入手，从点上做起，让每一个村庄有特色，让每一个乡镇功能区有自己的主导产业。

丰南区是靠近海洋的，有人说港口是拉动区域经济发展的龙头，可以依托港口优势发展临港产业，以产业发展推动港口建设，以此为基础打造为区域经济发展服务的综合性港区。

方塘智库认为，沿海地区不一定都要做成自贸区或者港口，因为周边环渤海地区已经有很多港口，而且同质化竞争很多年，丰南区一定要把眼光放远，不要停留在工业化时代的思维里，需要用第三产业的发展思路逆袭，走出一条旅游休闲产业的绿色发展之路。

另外，从产业角度看，周边北京、天津、唐山、曹妃甸的产业优势，丰南区无法去抗衡。丰南区可以考虑嵌入式发展，嵌入到天津，嵌入到唐山，嵌入到曹妃甸，选择并利用好自己的优势产业，比如发展文化、旅游和商业等，推动区域休闲产业的发展。

根据国际经验，当人均 GDP 发展到一定程度的时候，人们对休闲产业的需求会大幅度上升。周边的产业优势已经集聚了大部分消费群体，可以用休闲产业吸引游客，以发展旅游事业。

未来几年，随着唐山湾四点一带开发建设的提速，作为依靠大南湖生态城规划的核心区，丰南区可以在旅游产业方向上向特色小镇、特色产品等方面倾斜。

丰南区的发展是离不开唐山的，唐山需要找准自身特色。只有跟着大城市的思路才可以让自己不走弯路，唐山也需要在周边大城市战略定位和资源基础上"找自己的魂和特色"。

在推进京津冀协同发展战略中，唐山应率先依托雄厚的重化工业基础，构建吸纳和承接能力较强的现代产业体系，借力京津，特别是北京的非首都城市功能疏解和产业转移，顺势加速唐山转型升级和绿色崛起。

此外，可以坚持以服务为先导，有针对性地搞好产业对接和项目合作，从而进一步加快改造提升唐山传统产业的步伐。同时，积极承接先进制造业转移，借力发展战略性新兴产业，填补京津产业链的空白节点。

大力发展现代农业，尽快实现农业的科技化、特色化、规模化、品牌化、效益化，加大对京津绿色农副产品的供应服务力度，当好京津市场的"后勤部"。要依托产业吸引各类生产要素，让新型城镇化名副其实，形成对京津大都市的"反磁力"效应。

适应于人口流动规律的供给侧改革

"逃离北上广"是在大城市房价居高不下、生活压力持续增长的情况下出现的。"逃离北上广"是一种口号、一种社会现象，更是在都市白领中兴起的思潮。可回不去的农村更是一种无奈，也是一种现实。但换一种角度来看的话，这些在城乡之间出现流动迟疑的人，其归宿问题是社会问题，也是下一轮的经济增长点和消费动力。

大家不愿意留在农村和离开大城市的原因，就是我们小城市需要着力消除和弥补的地方，通过环境优化、发展产业、基础设施投资等细节设计可以吸引一些人留下来。

在此背景下，立足丰南区发展和县域经济发展，可以尝试做的就是在新型城镇化的背景下做好就地城镇化和发展好中小城市，让更多的人来到唐山市丰南区这样美丽的地方居住。这也是立足于城市适应新时期人口流动规律的供给侧改革的体现。

一是自身建设，打造清廉、高效、透明的政府。比起大城市的公事公办、机制健全、体系完善来说，小城市的人情政治、机制滞后、体系未成等弊端让许多高端人才直呼"受不了"：审批程序走不完、办事效率低下、发展平台狭隘、接触高端前沿机会太少等，拳脚施展不开、视野思路受限，人才自然不愿被束缚，只有走出去。这些问题恰恰是像丰南区这样的地方可以通过改进而提升自身竞争力的领域。

二是换位思考，教育医疗等基础设施建设先行。2015 年，在中央财经领导小组会议上，习近平提出"要增强城市宜居性"。什么是宜居性？每个人都有答案，但是核心的是一老一小，对小孩来讲是教育，对老人来讲是医院。

"父母之爱子，则为之计深远"，许多人才在成家立业后，更关注孩子的成长和教育问题，为了孩子能有一个好的学校和成长环境，培养孩子不俗的谈吐和大气的性格，都更倾向于举家迁往繁华的大都市。唐山市丰南区已经签约了引入高端幼儿教育项目、基础教育名校对接项目。

来自国家卫生和计划生育委员会的统计数字表明，2013 年，北京市内三级医院外来就诊患者达到 3036 万人次，其中 23% 的病人来自河北：这个数字意味着，每年河北有 700 万人要赶赴北京就医。为此，大型综合性医院也要引入外力，共同打造就近化的医疗资源。这也是吸引人群定居生活的重要指标。

三是构建区域性的单体高端消费中心。对于高端人才来说，"住"的问题多半已解决，根本无须自己操心，但恰恰是"衣、食、娱、行"这四项最是消磨人的时间与心情。构建区域性休闲度假中心不仅可以提升常住人口的体验，还可以吸引短期度假人群，进而提升城市的竞争力，在这一点上，唐山丰南区是有优势的。

丰南区目前已经提出，积极培育特色购物、旅游、汽贸、文化创意、健康养老和现代物流六大产业，把丰南区打造成全市新型现代商务区，这点尤为可贵。

第二节　固安的全球化样本

作为全国领先的产业新城运营商，2017 年，华夏幸福资产规模已经超过 1860 亿元，2016 年上半年净利润达 39.57 亿元，其中超 9 成来自环北京区域，且主要集中于河北，而北京向南50 公里的固安更被认为是风靡全国的产业新城的起始之地。

河北对于华夏幸福来说，不仅是其发源之乡，亦可谓是其"风水宝地"。随着 2014 年京津冀协同发展上升为国家战略，这块环绕着国家核心的京畿之地，也迎来了新的变革与机遇。华夏幸福在该地区投资运营的产业新城接近 20 个，占其业务量的90% 以上，未来这一规模还将继续扩大。

今天的河北即便长期处于发展困境之中，也还是悄然孕育了一批以华夏幸福为代表的全球性企业。一家企业的崛起与壮大，不仅将有助于地方经济的建设发展，同时将带动产业的链条式发展，进一步促进地方在经济制度和社会环境等方面的优化与改善。可以说，企业作为国民经济的细胞，作为市场配置资源的主体，其发展水平直接影响到整个区域的未来，对于河北来说更是如此。

华夏幸福与固安的结缘

1998 年，华夏幸福在河北廊坊正式注册成立。彼时正是我国房地产行业处于起步的阶段，1992 年，党的十四大正式确立了改革开放后"中国要走社会主义市场经济发展的道路"，由此拉开了国家经济繁荣发展的大幕。与此同时，住房改革与经济体制改革一并启动，住房公积金制度全面推行。从 1998 年开始，随着住房实物分配制度的取消和按揭政策的实施，房地产投资进入平稳快速发展时期，房地产业逐步成为经济发展的支柱产业之一。

华夏幸福正是伴着房地产市场的蓬勃发展悄然而生的，成立之初，其与传统的地产企业并无太大差别，然而转折在 2002 年出现在华夏幸福面前，当时中国住房价格一路高歌猛进，房地产市场一片火热，一系列针对房地产行业的调控政策相继出台。正当众多房企迎头而上抢占市场高地时，华夏幸福毅然转身，将资本投入到产业新城建设中去，落子于固安。

与传统的地产运营商靠从政府拿地、搞楼盘建设，然后从高房价中牟利的模式不同，华夏幸福则全面介入了固安产业新城的建设与运营之中。华夏幸福创新性地通过建立与政府平等合作的市场化运作机制，也就是今天被社会各界所推崇的 PPP 模式，深入参与到产业新城开发中的每个环节，达到了"政府主导、企业运作、合作共赢"的理想效果。实践证明，这一步华夏幸福走对了。

时至今日，拥有"京南第一县"之称的固安，在 2002 年华夏幸福还未入驻之时，还是一个典型的农业县、贫困县，当时全县年财政收入仅 1.1 亿元，发展水平位列廊坊市十个县（市、区）中的后两名。而到 2015 年，固安全县财政收入 55.9 亿元，一般公共预算收入完成 35.7 亿元，一般公共预算收入总量在全省各县市排名中位居第二。

目前商业地产的发展空间正在萎缩，产业地产一跃成为新的"朝阳产业"。在中国经济进入新常态的当下，地方政府也逐渐意识到，简单的"卖地、投资、造城"模式难以为继，"引入产业、导入人口"才是保证地方经济持续增长的关键。而当全国各个园区都在为招商引资绞尽脑汁的时刻，华夏幸福再一次另辟蹊径，彻底改变了产业园区企业入驻难、发展无法持久的尴尬局面。

从产业新城的营造理念来看，华夏幸福从一开始就明确了"以产兴城、以城带产、产城融合、城乡统筹"的发展模式。因此在固安产业新城的建设过程中，华夏幸福始终以提升人的幸福感为出发点，同时结合固安自身产业基础与发展优势，构建以全球技术商业化为核心的产业体系。

不仅如此，华夏幸福在招商方面更加注重企业与园区产业定位的匹配程度，定制化服务与完备的平台搭建成为其核心竞争力。华夏幸福逐步搭建起"技术导入—技术研发—中试孵化—技术商业化"的全产业链服务体系，以及由技术交易服务、金融服务、人才服务、政策服务、创新创业服务构成的五大技术商业化平台，建成以龙头企业为核心的产业联盟。并和专注于孵化器运营管理和科技创业企业培育的专业机构——太库科技进行深入合作，以打造创新孵化体系，为中小型企业或项目提供帮助，助力于园区完整产业链和产业集群的形成与发展。

如今，华夏幸福从固安起步，其运营和建设的产业新城项目遍布河北各处，并逐步延展至全国乃至全球领域。而华夏幸福在京津冀范围内的成功，不仅得益于其先进精准的发展理念以及大胆超前的创新尝试，更为重要的是，华夏幸福牢牢把握住了区域发展过程中的精髓，对资源的整合与利用可谓是得心应手。而这一切都将成为河北走出发展困境的关键。

华夏幸福对河北的真正价值

毫无疑问，华夏幸福是一家颇为成功的开发企业，这几年，它的快速壮大令人瞩目。由华夏幸福所开启的产业新城模式中包含的"产城融合""PPP""创新孵化""科技成果转化"等一系列关键词已成为时下新城新区建设发展的热点导向。但究其根本来看，任何一种模式的成功背后，其诞生与发展的环境因素都必然不可轻视，对于华夏幸福来说，起步于河北，成就于河北，偶然之中亦有必然性。

2002 年年初，北京市首次公布了指导房地产行业发展的政策措施，其中提出，加强北京市房地产市场，特别是住宅市场的数量、结构和空间布局的研究，依法整顿房地产市场经济秩序，促进房地产市场健康稳定的发展。从那时开始，以房地产行业为代表，北京产业的外溢效应开始显现。而这样的发展机遇，正巧被华夏幸福牢牢抓住，并最大化地得以实现。

曾经有专家指出，华夏幸福成功的核心是用"河北的原料"做了"北京的市场"。这样的说法，有些过于片面和绝对。但从另一个角度来看，也并非全无道理。北京作为国家政治、科技、文化、交往中心，其经济地位在世界范围内也同样举足轻重。由于 2008 年北京奥运会的举办，集中力量办大事的优先投资建设使得北京与周边地区发展不平衡的情况迅速加剧，"虹吸效应"显现。但与此同时，潜藏于特大城市成长背后，由人口过度集聚等问题而导致的城市病也开始成为躁动不安的因素，影响着地区的发展。

对于北京而言，集聚与扩散并存、中心与外围互动，已经成为其城市发展的必然趋势。这里汇集了来自海内外的各界精英，是我国人才资源最密集的地区，雄厚的教育实力和科技基础，是国内任何一座城市都难以比拟的。同时，世界 500 强企业密布，金融机构和互联网企业众多，总部经济为其带来了源源不断的外溢效应。在这样的情境之下，借势北京，从其不得不分散和疏解

169

的市场之中分一杯羹，不失为是一种智慧的选择，无论是对企业来说，还是对环北京而分布的河北很多县域来说均是如此。

但遗憾的是，一直以来，河北都没能有效地利用其"近水楼台"的区位条件，在发展过程中一味只靠自身，而忽略了北京市场延伸下的发展机会。

在目前京津冀协同发展战略的大背景下，无论是从政策扶持还是从产业转型等各个角度来看，河北都到了最佳的发展时机。而华夏幸福和固安的实践故事也在很大程度上说明，京津与河北之间，虽有重重阻碍，却更有无限可能。

但是必须清醒认识到的是，根植于北京周边的地产企业最初绝不仅只有华夏幸福一家，若说其从一开始得益于用"河北的原料"做了"北京的市场"，那么如今这一家开始向世界范围布局、发展速度令人惊叹的全球企业的成长，所依托的仍旧是特殊优势背后的普适之道。因此，找到属于自己的"普适之道"，是下一步河北得以突围发展的关键。

第三节　从硅谷到固安

2016 年 5 月 17 日，2016 创新中国峰会在河北固安县创业大厦举行，包括被称为颠覆式创新之父的克莱顿·克里斯坦森在内的来自中外政产学研等各界的嘉宾，在这里就创新驱动、产业转型、技术商业化等议题展开讨论。

固安已经不是第一次举办针对创新和科技的全球化活动，从 2015 年的"从硅谷到固安"到 2016 年的"全球创新：技术颠覆与产业升级"，这样的活动总是可以在议题策划、嘉宾邀请、传播设计等方面，巧妙地实现区域价值与时代变革之间的互动。

在这一过程中，固安经过了十几年的产业集聚和城镇化进程，如今，俨然已经走在从一个农业县到工业园区再到一个具有全球影响力的技术商业化中心的嬗变之路上。

固安的最新变化是在国家推进京津冀协同发展战略、供给侧结构性改革、支撑产业创新升级、打造经济发展新引擎等多重背景下展开的——创新驱动发展，既是中国新常态下的大势所趋和必由之路，也是京津冀协同发展的根本动力。

固安这座过去并不起眼的京畿小城，是如何摇身一变成为全球创新升级前沿思想的交流地，以及科技与商业互动的新热土的呢？

在建设"全球技术商业化中心（GTC）"的过程中，固安明确自身定位，探索科技创新与成果转化在全球资源配置下的新路径。而这带给我们更多的思考是，在创新驱动成为国家战略并被强力推进落地的过程中，在越来越多的地区和城市明确提出要打造具有全球影响力的科创中心的时候，固安是如何找到自己角色和定位的；固安在全球技术商业化中心基础上成为具有全球影响力的科创中心的可能与路径，在中国新一轮的创新发展浪潮中，具有多大程度上的借鉴和复制价值。

建设全球科创中心是发展中国家的战略选择

在固安"全球技术商业化中心"定位之上，还有个更普遍的概念在引导，即全球科技创新中心。当今世界，全球科创中心是一个国家综合科技实力的集中体现与核心依托。它是全球创新资源的集聚中心和创新活动的控制中心，是知识经济时代转变发展方式、提升综合国力的战略支点。

全球每一次重大经济周期调整和科技革命都会催生新的全球

科创中心。近现代以来，先后在英国、法国、德国、美国、日本等国家形成了具有全球影响力的科创中心，推动人类三次科技革命和技术成果的先后涌现。21 世纪以来，建设具有全球影响力的科创中心，也日益成为更多发展中国家的重大战略选择。

全球化的深入发展，产业链、创新链的不断细化，加上创新要素在全球的加速流动和配置，全球科创中心的兴起成为必然。从发达国家的经验来看，全球科创中心的出现，除了与经济基础、历史周期、科技革命等因素相关外，有利于创新的制度设计也必不可少。典型的如英国工厂制度、专利制度，德国研究性大学的建立，美国国家实验室、移民制度，日本精益生产体系、质量管理革命等，这些重大制度创新奠定了科创中心的基础。

总体而言，全球科创中心应当具备这样几个条件：有一批对全球有影响力的创新成果；成为这些成果进行转化、交易的中心；集聚一批有全球影响力的科学家和科技企业家；培育出众多具备重大影响力的科创企业；形成具有全球吸引力的创新创业的文化与氛围等。

当然，这些全球科创中心，可以是一座城，如日本的筑波；也可以是一片区域，如美国硅谷；也可以是一个国家，如以色列。但无论是什么形态，作为全球创新网络中的节点，它们都能利用发达的沟通管道不断吸纳外部资源并输出影响力，集聚力和辐射力超越国界并影响全球，构建出一套创新生态系统，持续不断地产生创新动力。

中国迎来建设全球科创中心战略机遇期

21 世纪以来，随着中国快速崛起为世界第二大经济体，资产、人才规模不断壮大，全球科技创新的各类要素也在加速朝东亚尤其是中国集聚配置,中国在科技革命性创新方面也正向领先者迈进。中国建设全球科创中心迎来了空前的战略机遇期。

在国家供给侧结构性改革、"大众创业万众创新"、中国制造2025、"互联网＋"等顶级战略或概念的推动下,全国各地争相掀起了建设科创中心的热潮。

基于全球科创中心产生的基本背景,拥有良好经济基础、资本和人才优势聚集的北京、上海和深圳,成为目前最受关注的城市。

北京作为首都,汇集积累了全国最多的高校、人才和科技资本。在京津冀协同发展战略规划中,北京市也被定位为科技创新中心。以中关村为核心,北京在"十三五"规划期间,不但要维持自己全国科创中心地位,还将全力打造具有全球影响力的科创中心,率先形成以创新为主要引领和支撑的经济体系和发展模式。

尤其值得一提的是,在京津冀协同发展战略的背景下,北京这一目标的实现不可能孤立存在,而是必须在京津冀地区开展协同创新创业共同体建设,既是疏解功能、拓展发展空间,也是京津冀产业协同发展、共同升级的要义。

上海作为近现代老牌科技创新基地,在21世纪之后被人们认为似乎缺乏了创新动力,但上海仍是中国科技创新中的一极。尤其在近几年中央高层密切关注与指示以及国内首设自贸区的背景下,上海迎来了建设全球科创中心的新周期。

2016年"十三五"规划纲要中亦指出,支持上海建设具有全球影响力的科技创新中心,国务院常务会议也部署推进上海加快建设科技创新中心。同时,上海还获批以张江地区为核心承载区建设综合性国家科学中心,并建立世界一流重大科技基础设施集群；上海市委市政府先后起草出台关于加快建设全球科创中心的意见与方案。国家战略布局加上地方行动，上海的科技创新中心建设进入了加速实施阶段。

同样向全球科创中心目标迈进的还有深圳。与北京上海相比，深圳科技创新的氛围显得更为浓厚，这里政府与市场良性的互动关系对优化创新环境做出了表率。深圳最近还在讨论建设技术创新特区的设想，对具有颠覆式潜质的新技术模式先行先试。

同时，针对大型科研基础设施少、高等教育资源缺乏等短板，深圳均展开了一系列行动，以加强源头创新和高校落户建设，提高人才自给率，加快从产业创新中心向科技创新中心迈进。

全球技术商业化中心固安

从发达国家的经验来看，许多成熟的全球科创中心和正在构建的地区性科创中心，往往不以超大城市为依托，更多是都市圈周边的某些小城镇、大城市远郊等边缘地带，这正好给了固安创新实践的想象空间。

依靠自身已有的区位优势，加上引入华夏幸福这一市场力量，固安在短短十几年时间里，便从一个产业层级较低的农业县，迅速成长为产城融合创新实践的典范，更成为全球科技创新资源和成果转化的新平台。

如果与北京中关村相比，固安目前的科技创新实力显然不及，但这并不代表固安没有自己的优势。正是这里过去在科技创新资源的"一无所有"，使得创新创业创造拥有更多的可能性。

比如，在全球科创中心被京沪深等大城市竞相争夺时，固安探索出"全球技术商业化中心"的发展定位，借助华夏幸福的社会资本力量，在全球范围内调配资本与智力支持，实现创新技术与产业同现实生产力的对接。

从源头科技研发，到技术转化，再到科技成果产业化、商业化，这是一直以来全球各地科创中心得以成功运作的逻辑链条。固安在这套逻辑中充分利用资本运营和各类平台建设，在研发、技术与商业化的互动对接中拓展、整合全球科技创新资源。

在科技研发环节，固安先是在美国硅谷建起河北省第一个海外高科技孵化器，开展生物医学等最新科技成果的孵化；在国内与清华大学等高校合作建立科技研发中心和中试孵化基地；在技术导入和转化环节，固安与太库科技合作，嫁接其在全球范围内设立的海外孵化器的科研成果，导入国外技术资源，并大量引入国内外重大科技成果转化项目；在产业领域，固安产业园通过市场化运作并超前规划以航空航天、装备制造、生物医药、电商物流等为代表的战略新兴产业集群，吸引了一大批相关领域高端企业入驻。

这一系列的举措，使得固安在占据全球创新分工链条更高地位的同时，也正在构建"技术导入—技术研发—中试孵化—技术商业化"的全产业链服务体系，并同步搭建技术交易、金融服务、创新创业等服务平台，打造完整的科技成果转化生态体系。

有学者指出，建立有影响力的科创中心，需要具备"三大资源、三大资本、三大产出"的要素，即教育、人才和政策"三大资源"，有效整合民间、国有和国际"三大资本"，更加注重具有国际影响力的高水平科研成果、创新企业快速成长和战略性新兴产业高效传导"三大产出"。

固安虽然离一个真正具有全球竞争力和知名度的全球科创中心还有一段距离，但一系列实践表明，这些要素正在固安不断整合集聚，互相之间正形成良好的耦合关系，发挥着乘数效应。

未来的固安新城，将继续积极搭建公共服务平台，引进公共检测实验室、公用大型计算平台等公共服务项目，进一步完善产业配套体系，从而加速技术商业化、产品市场化、企业全球化进程。

固安十年与京津冀产业协同发展的启示

有观点认为，世界级科创中心已突破了某个科技园区或某座城市的地理界限，更多地体现为一个大区域的概念，具有科技先导性、产业带动性和经济辐射性。因此，全球或全国科创中心通常表现为以一个或几个城市为核心，周边环绕一批开放度高、有产业配套和技术吸纳能力、创新要素和产出密集的城市，并且拥有广泛的经济辐射力。

作为首都北京的卫星城，在北京致力于世界级科创中心的格局下，固安正将自己打造成核心城市周边的要素齐备、功能齐全的科创实验基地，在泛首都的世界级科创圈正占有一席之地。而且更为重要的是，固安是在充分市场化运作的逻辑下完善自己。

这种充分市场化，并不是说市场万能，而是政府和资本间良性的互动与协作，使得各类要素能以更优的方式配置到各个平台和产业链条的每个环节。同样，如果放大到整个京津冀产业协同发展的层面，实现区域内协同创新也需要各地政府间机制和统一要素市场的融合搭配。

同时，固安十几年的发展实践，尤其是最近几年在全球资源配置以及创新驱动区域发展的实践，给京津冀协同发展带来的启示还包括，协同发展不仅是区域内完善交通、功能转移等横向要素配置，也是纵向资源的再分配，例如技术、资本、信息等；协同发展不仅体现在区域内要素整合调配以达到协同发展，更需要与全球资源对接，吸纳可利用的优势资源，实现产业协同和转型升级，也为区域内创新协同机制带来新变量。

在国际国内、横向纵向、偶然必然之间，固安作为北京天安门正南 50 公里与首都毗邻的小城，正成为京津冀协同发展中的一个高光亮点。

找准自身定位，利用优势禀赋，加上良好的市场化运作，融入所在区域协同发展战略和全球化背景下要素流动配置的平台中，固安正成为中国众多寻求自身特色、突破瓶颈的小城市的一个样本，并创造着新的模式，以至于一个具有全球影响力的技术商业化中心乃至一个真正的全球科技创新中心也在变得可能，是为固安之变，亦是京津冀地区和中国之变。

第四节　固安城事

与中国过去三十多年快速城镇化的繁华同时发生的，还有不断蔓延的"城市病"，这让城市本该有的高效率、低成本、低能耗等优势被严重打折。其中比较明显的问题之一是，传统的产城分离的园区经济模式已经进入黄昏。

也正是在此背景下，产城人融合越来越成为新城新区开发建设的重要逻辑，产业新城也开始成为越来越多企业转型发展的重要产品依托。

2016 年 10 月 18 日，第四届"中法城市与建筑可持续发展

（固安）论坛暨对话中法幸福城市"在河北固安举办。活动的承办者华夏幸福是中国领先的产业新城运营商，在其包括河北固安在内的产业新城建设实践中，对产业集聚和幸福城市的思考，是一贯逻辑，这不仅是理念使然，也是现实使然。

而且，本次论坛提供的一系列城市发展现实案例表明，幸福城市不仅是正在经历快速城镇化的金砖国家所关心的，也是城镇化率已经很高的发达国家所关心的。巴黎是全球最浪漫的城市之一，但也和许多中国城市一样，面临全球其他城市的激烈竞争，也要面对诸如传统和人、现代化和人、建筑和人、能源和人、水和人、汽车和人等的矛盾。

产业新城在固安

产业新城的建设整体已经进入"买方市场"的阶段，过去那种城市的新房、新路刚建好就被新增的人口、汽车挤占的"卖方市场"年代也已过去。新背景下的城市建设，就一定要充分考虑客户——人的需求，并将以人为本的理念落实到基础设施、产业培育、社会管理、公共服务等多个层面，推进精细化乃至精致化的发展。

今天城市的发展已经无法沿用原来的老路，必须在创新理念下，推动城市的转型、创新发展。在这个方面，河北固安一直是一个广受关注的样本。自2002年固安工业园区奠基至今近16年里，固安已从一个农业县，变成一个新兴产业集聚、生态宜居的经济强县，也是华夏幸福产业新城模式最重要的样本之一。

固安产业新城自建设之初，便秉承生态环保发展理念，将绿色、可持续思维植入经济社会发展各环节，通过搭建绿色生态体系打造幸福城市。

比如，依托生态修复、绿色屏障生态规划、三大生态治理工程，与北京进行全方位生态对接，打造"平原森林城市"，形成生态建设协同发展的强大合力。

之后，固安持续升级城市生态体系建设，编制完成首个县域生态规划和示范区实施方案，建设了 8 平方公里综合生态示范区，挂牌可持续发展规划奖（保尔森基金会）/国家级生态城区。

固安在很早之前，就已开始构建其城市"海绵"体系：依托永定河、引清干渠等现状水系，形成永定河沿线、大广高速、106 国道、县城外环线 4 条生态绿廊。

华夏幸福投入巨资，在永定河沿岸和铁路、公路、外环线两侧布置城市绿色廊道和生态休闲地，建设 14 万平方米的中央公园、100 万平方米的永定河运动公园、13 万平方米的孔雀大湖公园、26 万平方米的生态公园、50 万平方米的大广带状公园，以及 200 万平方米的城市环线绿廊。

这些生态湖泊、绿地、绿廊，点、线、面相结合，组团式布局，既能在下雨时蓄水、缓流，又能在晴天干燥时蒸发吐水，而且是城市居民休闲游憩的理想之所，城市则在"海绵的呼吸"中变得更温润宜人。

在面对区域价值这一问题上，固安的基本逻辑是通过城市环境的改善、配套服务的提升、产业创新集聚等综合手段，推动整个区域价值的提升。如此一来，城市未来的发展潜力，通过持续投入形成价值累积，推动区域价值的不断提升，促成各个产业之间的均衡匹配，进而实现社会经济更可持续的发展。

根据 2002 年固安县政府与华夏幸福签订的合作协议，华夏幸福为园区投资、建设、开发、运营提供一揽子公共产品和服务，包括土地整理、基础公共设施建设、产业发展服务，以及咨询、运营服务等。此案例中，政府的归政府、市场的归市场，政府得以从微观事务中解放出来，更专注于区域的战略、决策、监管，而华夏幸福作为一家企业，则依托资本、人才、管理、技术等专业优势，致力于区域的系统运营。

华夏幸福的综合 PPP 模式，受到了国家部委和市场的双重认可。近年来，华夏幸福的产业新城不断在京津冀地区、长江经济带、东北、珠三角以及"一带一路"沿线国家布局。其 PPP 模式先后入选国家发展改革委示范项目 PPP 项目库、财政部等 20 个部委联合发布的第三批 PPP 示范项目。

固安的产业集聚逻辑

如何推动区域的产业集聚和创新，也是考察产业新城的重要维度之一。固安如今已经成为京南区域重要的新兴产业集聚区和科技创新中心。这些新兴产业的集聚，不仅深刻地改变了固安的经济结构，更是对整个区域的转型升级提供了支撑。

产业是城市发展的根本，产业兴则城市兴，产业强则城市强。华夏幸福作为"产业新城运营商"，其中一个关键逻辑是，将产业作为城市可持续发展的支撑力量，也就是基于一个区域的资源禀赋、区位优势，通过理念、资本、人才等外力的介入，并通过和国家战略的衔接，来重塑一个区域的产业生态，以创新型的产业生态体系破解经济发展的动力难题。

固安的产业集聚和发展策略主要包括以下几个方面。

其一，大力发展生态环保型产业。固安产业新城对入区项目严格实行环保审批一票否决制，十多年来凡是不符合国家相关排放标准、环保不达标的项目，都被坚决拒于产业新城"门外"。

固安产业新城持续推动"固安制造"向"固安创造"的转变，固安产业新城高端制造重点聚焦新型显示器、航天技术、生物医药、新能源及智能汽车等战略性新兴产业。

其二，培育创新型产业集群，助推区域产业转型升级。固安航天产业园就是为航天技术转化量身定做的创新型产业集群，目前卫星导航产业园已入驻 7 个高水平项目。中国工程院张启先院士领衔的北航智能技术与机器人工程研究中心服务机器人等项目，已相继入驻机器人产业港。

目前，园区还正在构建一批专业化的创客空间、创意社区、创新工场等新型创业支撑体系，将大大提高创业成功率。以产业园为载体，以打造创新型产业集群为目标，以平台建设和资本驱动为手段，同步搭建金融服务、人力服务、创新创业、政策服务四大产业促进平台，构建和完善知识生态系统下的产业共生模式。依托专业化招商团队，通过龙头引领、产业链整合、孵化提升等模式，加速产业集聚和升级，为区域经济创新发展和产业转型提供持续的发展动力。

其三，发挥资本杠杆作用，实施资本驱动新兴产业成长的举措。新兴产业发展往往始于科技、成于资本、盛于融合。华夏幸福瞄准前沿和尖端科技，以上市公司为资本平台，围绕补齐供给侧短板，在全球范围内开展产业整合；并在每一个开发区域都设立天使投资、风险投资、产业引导基金和产业投资基金，为产业培育插上腾飞之翼。

从生产型园区到城市型社区

城市不仅是一种人类群居的外在空间形态，更是一种人类相处、交流、合作的结构。城市基础设施建设起来了，产业也引入、集聚发展，越来越多的人口开始在这里居住，甚至还包括越来越多的产业人口和商务旅行人口，面临如此情况，固安也希望能够在城市、产业和居民三者之间实现很好的融合。

按照华夏幸福官方的表述，以"产业高度聚集、城市功能完善、生态环境优美"为目标，秉持"以产兴城、以城促产、产城融合、城乡统筹、共同发展"的发展理念，自操盘固安产业新城开始，华夏幸福就确定了以人为核心、空间上产城一体、布局上功能融合、时间上同步演进的路径设计。

具体的做法是，通过采用综合开发模式，华夏幸福对固安产业新城进行整体规划，统筹基础设施和公共服务设施建设，统筹建设民生项目、商业项目和产业项目，创造了独具特色的标准城市配套体系，即包括通达路网、林荫大道、公园体系、综合商业、学校体系、星级酒店、医院体系、规划展馆、体育公园、交通枢纽、行政中心和文化公园等城市级配套，社区公园、社区医疗中心、幸福幼儿园、幸福五合一图书馆等社区级配套，以及集大食堂、咖啡馆、小超市、健身房和阅览室为一体的会所体系等组团级配套。

在研究者看来，固安产业新城将产城融合的突破口，放在激发社区这一结构单元活力上，把产业园区作为社区加以精心打造，并在其周边规划"产业发展服务区"，从而实现由工业园区向产业社区提升，推动经济发展从"单一的生产型园区经济"向多功能的"生产、服务、消费"等多点支撑的城市型社区经济转型。

2015年年底，全国第一家博士后成果转化基地在固安启动。从2015年以来，固安产业新城引进了海内外高层次人才67名，累计实现科技成果转化49项。到2016年年底，固安产业新城签约入驻的博士后企业总产值将达到 15 亿元左右。

固安原来是廊坊工业基础最薄弱的传统农业县，20 世纪初只有几家制作钓具、肠衣、滤芯、塑料的小厂，财政收入不足亿元。然而，自固安县政府引入华夏幸福以来，这里却发生了翻天覆地的变化。

2015 年，固安全县财政收入完成 55.9 亿元，一般公共预算收入完成 35.7 亿元，在全省各县市排名中位居第二，跻身全国县域经济创新力 50 强中前三甲。

更为重要的是，通过产业城市的有机融合，固安产业新城不断寻求职业、居住、消费的平衡，经过多年的不断调适，逐步向"产业高端、空间生态、人文荟萃、近悦远来"宜居宜业的现代城市迈进。

面向全球进行创新资源整合

2015 年 9 月，我国首批国家科技成果转移转化示范区之一——河北·京南国家科技成果转移转化示范区获得科技部批复。京南示范区位于沿 G45 大广高速经固安、白洋淀至石家庄的走廊区域，固安高新区是其中多个园区载体之一。

根据《京津冀协同发展规划纲要》对京津冀三地的定位，河北重在建设科技成果孵化转化中心。京南示范区是河北省创新人才相对密集、创新要素相对富集、科技创新基础较好的区域，其目标是打造成京津冀协同发展的重要支撑带。

国际案例也显示了高科技产业走廊一般都是依托大城市群、沿交通干线发展而成。典型的代表有美国硅谷、128 公路、英国 M4 走廊等。这当中，华夏幸福主要着力做强载体，推进京南科技成果转化示范区建设，具体举措包括建设共建共享的创新平台，健全科技成果资本化产业化的体制机制，完善创新创业新生态等。

在其中，固安正通过推进科技成果转化，打造全球技术商业化中心（GTC），成为京南示范区建设的重要支点。包括与清华、北大、中科院等知名科研机构合作，华夏幸福在固安建设中试孵化基地、科研产业园和博士后科技成果转化基地，吸引全球创新成果在京南落地。以固安高新区为桥头堡，构建"技术导入—技术研发—中试孵化—技术商业化"的全创新链服务体系，建设全国科技成果转化的样板区。

华夏幸福已成立了专门的孵化器运营机构——太库科技，并在国内的北京、上海、深圳、南京、固安等地，国外的美国硅谷、德国柏林、以色列特拉维夫、韩国首尔等地展开布局。这些海外孵化器，主要聚焦生物医药、电子信息、新材料、影视创意、清洁能源等新兴战略领域。对成功入孵项目，华夏幸福提供天使资金、创业投资，进行股权资本驱动。项目成熟后，引进国内进行产业化转化，构建"研发＋孵化＋中试＋产业化"全价值链。数据显示，截止到 2018 年 6 月，太库科技共孵化企业319 家，融资总额超过 15 亿元，已有影能、潮盟等多个项目实现了成功的商业化实践。

从对接全球技术创新源头入手，以资本驱动为手段，打通从基础研究、应用研究到孵化中试和产业化的关键环节，形成一套产业创新价值链整合的新模式，并带动了固安这样的县域展开与全球的对接。

OLED 产业生态的打造

固安鼎材公司的门厅陈列着几个装着不同颜色粉末的小玻璃

瓶子。这些粉末是这家公司的产品，它们是有机的材料。庞大的OLED产业，便是建立在这些细微粉末之上。

新的材料赋予了OLED新的优势，它无须背光灯，在电流作用下可自行发光。相对于LCD、LED等，它在对比度、能耗、温差、色域、可视度、响应速度等方面都有更优的表现。

现在，固安鼎材公司的OLED材料的设计产能为年产3吨。这些粉末，有一部分销售到国内其他地方的下游厂商，还有一部分就在固安的下游厂家完成消化。

国际研究机构UBI Research发布的报告显示，全球OLED发光材料市场正以46%的复合年增长率增长，预计将于2021年达到43.23亿美元的市场规模，全球OLED发光材料的市场规模于2017年达到9.8亿美元。

固安翌光科技公司（简称翌光）便是鼎材公司的下游企业客户之一。这家公司成立于2015年，致力于将OLED在家居、装饰、车载等领域的照明应用。据估计，2019年OLED车载照明市场份额将达到20亿元，OLED室内照明市场预期为12亿元左右，这是固安翌光看中的蛋糕。此前，翌光与长城汽车合作开发了国内首款透明OLED尾灯，并在2016年推出了中国首款OLED台灯。

目前OLED的核心应用领域并不是照明，而是显示领域，尤其是智能手机显示屏。相对于上一代的产品，AMOLED是柔性的显示屏，被越来越多智能手机品牌选择使用。为满足日益增长的市场需求，固安云谷第6代AMOLED项目在2016年10月启动建设，投资近300亿元。

该项目将在2018年年底投产，届时月投片量为3万片，基板尺寸为1500mm×1850mm，产品以柔性显示屏为主，每年可以生产 9000 万片面向智能手机、智能穿戴的显示屏。

据 CINNO Research 数据，2016 年全球 AMOLED 手机面板出货量达到 3.7 亿片。2018 年，整体 AMOLED 面板出货量将达 5.7 亿片，增长幅度高达 51.7%。除了来自智能手机的增长驱动外，AMOLED 由于响应速度快和可实现柔性的特性，也受到了 VR 硬件厂商的热捧。

在固安云谷的项目中，维信诺公司将提供技术支持。维信诺也是国际上为数不多实现 AMOLED 量产出货的企业，拥有中国大陆第一条专业 5.5 代 AMOLED 量产线，并在 PMOLED 全球市场占据领导地位。

此前，维信诺已经完成了环长三角的 OLED 的产业集群。在 2017 年 5 月举办的第五届中国 OLED 产业发展论坛上，固安云谷第 6 代 AMOLED 项目技术负责人黄秀顾说，"我们希望通过固安产业集群的打造，实现与环长三角 OLED 产业集群的南北呼应"。

固安还吸引了显示面板巨头京东方的到来。2016 年，投资 30 亿元的触控一体化显示模组项目落户固安。目前京东方是 LCD 面板全球出货的企业，这家公司正努力将其在 LCD 上的优势推广到 OLED 市场上。

目前，固安已经构建了一条完整的 OLED 产业链条，通过引进最前沿的技术研发、产业化基地，以云谷第 6 代 AMOLED 项目为龙头，完善集成电路、新材料等上下游产业链，一个"全链条、全要素、全生态"的新型显示产业集群正在固安崛起。

技术和资本的双轮驱动

维信诺、鼎材、翌光，这三家 OLED 公司在固安的成长，背后有两股关键力量的支撑：一是清华大学的科研成果；二是华夏幸福的资本。

维信诺的前身是 1996 年成立的清华大学 OLED 项目组，为加快 OLED 技术产业化进程在 2001 年成立。维信诺不仅在产业化方面跻身国际前列，在技术创新方面也取得多项重大突破，在高分辨率技术、柔性技术等方面处于国际领先水平。去年，维信诺开发出了在 3 毫米弯曲半径下全屏卷曲、厚度仅为 20 微米的柔性 AMOLED 屏，以及可以 180 度对折的 AMOLED 屏。

固安云谷第 6 代 AMOLED 项目于 2016 年 10 月 21 日正式启动。华夏幸福直接投资了云谷科技。该项目未来量产技术主要来自维信诺在 OLED 领域十五年来积累的自主创新成果。

在技术与资本的合力下，全球 OLED 产业的最新科技成果开始在固安产业新城加速转化，并最终成功商业化。2015 年，华夏幸福提出"全球技术—华夏加速—中国创造"的战略和实践，其和清华大学在 OLED 上展开的一系列合作，成为这一创新发展战略的样本。

鼎材公司孵化于维信诺，其技术同样来源于清华大学。鼎材公司成功开发的 OLED 材料，打破了国外在上游技术的垄断。鼎材公司在 2013 年 9 月成立，起初团队成员不到 20 人。

2014 年，鼎材公司引入华夏幸福作为战略投资者。鼎材科技总经理任雪艳曾表示，"初期我们进行的是多方位融资，其他投资机构我们也都在谈，但是华夏幸福却是最早落实的，从而加快了我们产业化的步伐。在投资协议还没签的时候，华夏幸福就开始给我们盖厂房了"。

相似的，华夏幸福也是固安翌光的最大股东，占有 70% 的股份。

从华夏幸福的角度来看，它不仅通过产业新城的基础建设和配套服务来推动 OLED 产业的集聚，而且直接参与到了 OLED 产业的资本投资，这开启了华夏幸福对重大项目进行直接投资的模式。通过直接投资，直接推动了 OLED 相关经济要素更快重组，尤其是加快了科研成果的产业化进程。

华夏幸福对 OLED 产业链条的介入几乎是全链条式的，这当中有两个过程值得注意。一是从 0 到 1 的过程，通过对研发、中试的支持，推动 OLED 产业的原始创新。二是从 1 到 N 的过程，华夏幸福以资本介入等形式，推动科研创新成果的商业化和产业化。

固安的 OLED 产业链的打造并不是孤例。在同样的逻辑下，华夏幸福近年来还与清华、北大、北航等国内高水平大学和研究院所开展战略合作，在"创新孵化 + 资本干预"的生态打造理念下，推动机器人、无人机、人工智能等多个领域的科技成果的转化，加速初创企业和新兴产业的成长。

此外，华夏幸福还设立了总规模超百亿元的产业投资基金，通过科技和资本的双轮驱动，推动新兴产业集群的快速发展。目前华夏幸福在全国的几十个产业新城中，已形成了百余个区域级高端产业集群。

国际竞争中的突围与逆袭

根据 UBI Research 数据，2020 年前 AMOLED 市场规模的增速不会低于 20%，未来五年间，全球 AMOLED 市场规模年复合增长率将达到 49%，2020 年市场规模达到 717 亿美元。

在 OLED 这个具有高成长性的行业内，中国企业需要面对国外 OLED 同行的激烈竞争。如同固安鼎材总经理任雪艳所说的，

"我们面临着很大的市场机遇，OLED 产品需求也很大，这么大的蛋糕我们是不是能够接得住，对中国企业来说其实要打很大的问号"。

三星是中国 OLED 同样必须面对的国际竞争者，它是全球最大的 OLED 面板生产商，在 OLED 量产上已经前行多年。三星品牌的部分智能手机已经使用了 AMOLED 柔性屏幕。而新闻报道显示，下一代苹果 iPhone 将选择 AMOLED 柔性屏幕，并由三星独家提供面板。

日韩和欧美企业都不会放弃 OLED 市场，夏普、JDI 等企业都在加码对 OLED 的投注。不久前，日本 JOLED 公司还宣布，研制出了全球首款印刷式 OLED 面板。

当然，由于智能手机、智能穿戴、OLED 电视等产业的持续爆发，可以说目前国际范围内的 OLED 竞争才开始不久，中资企业依然有着弯道超车并实现逆袭的机遇。

一方面，中资企业通过多年的技术积累，已经跳过了国际巨头在知识产权上构建的护城河。

以维信诺公司为例，这家公司专注 OLED 产业二十年，依靠自主创新不断推动国内 OLED 显示技术发展。迄今为止，维信诺已拥有专利 2500 余项，并参与了 OLED 国际标准的制定工作，负责制定或修订了 4 项 OLED 国际标准，主导制定了 5 项 OLED 国家标准和 3 项 OLED 行业标准。

在固安举办的第五届中国 OLED 产业发展论坛上，京东方科技股份有限公司显示器件事业 Mobile SBU 的市场总监魏星表示，京东方于 2016 年投了 53 亿元进行 OLED 的研发，OLED 领域的专利已经超过 15000 项。

另一方面，中资企业在 OLED 量产的经验和优势也在不断提升。

目前维信诺已建有我国第一条 PMOLED 大规模生产线和第一条专业 5.5 代 AMOLED 大规模量产线，是国内唯一一家同时具有 PMOLED 和 AMOLED 量产经验的公司。2017 年 5 月 12 日，京东方官方宣布成都第 6 代柔性 AMOLED 生产线正式开始量产。此外，京东方于 2016 年 12 月在四川绵阳也投建了一条第 6 代柔性 AMOLED 生产线，预计 2019 年实现量产。从产量上，中国的 OLED 将很快成为全球第一。

工业和信息化部电子信息司副司长彭红兵表示，三星、LG 等在 OLED 在研发到产业化的投入，以及实现的阶段性成果都是显而易见的。中国的 OLED 显示产业发展，是从无到有、从小到大的过程，未来中国的 OLED 产业发展要持续调整，不断地适应市场的需求。

全球 OLED 的竞争已经展开，中国的 OLED 产业正在逆袭。而在固安这个京南的县域，柔性显示产业的革命正在进行中，固安也将是 OLED 的国际逆袭战的直接参与者。

第五节　京北怀来，未来已来

北京城西北出居庸关、八达岭，途经榆林堡即是怀来，怀来常有"塞北通衢"之称，元定都大都（北京）后，在今怀来境内设居庸、榆林、土木三个驿站，车马不断，商贾往来不绝。

在今天，怀来以"中国葡萄酒之乡"著称于世，"土木之变"的不堪旧事也随着清入关而烟消云散，虽然在事隔两年后的 1451 年，明王朝为了加强怀来的军事防御，着手修建了沙城堡城、新保安城、土木堡城以及榆林堡城，最终也成为后人追古忆昔的断井颓垣。

从用来通讯接待往来邮差、官吏以及商贩的驿站而成为屏障北京的门户，以及张家口进出北京的咽喉要地，怀来俨然在京西北尽得地利之便。

近年来，京津冀协同发展战略持续推进，怀来作为北京未来发展中的"一体两翼"中"一翼"的重要组成部分，随着京津产业外溢与北京向西北地区辐射，以及怀来自身县域经济转型升级的内在诉求，发展商贸物流、高科技、高端制造、教育、医疗以及文化旅游等产业的时机已经成熟。

短短一二十年间，从一个作为京津菜篮子基地的农业县到打造"中国葡萄酒之乡"发展做大葡萄酒产业，再到 2016 年以来创建新兴产业之城，怀来像河北的其他环京小城镇一样找到属于自身的发展路径，并积极融入京津冀城市群。

图16　河北怀来　摄影：叶一剑

接下来，凭借上风上水、独特的人文自然景观以及政策与市场的双引擎驱动，怀来投资的价值洼地已然显现，而2022年京西北张家口作为冬奥会承办地，注意力经济将直接带动区域整体发展，冰雪运动产业、文旅产业、葡萄酒产业以及其他新兴产业等将是县域经济转型升级的一股活水，同时随着京张高铁开通，怀来纳入北京半小时经济圈，怀来越发变得热闹起来。

怀来的商贸基因

怀来自古有"塞北通衢"之称，隶属于河北省，地处河北省西北部，东邻北京，西接晋蒙，其中，境内燕山支脉向西北和西南两个方向延伸，俨然是北京的天然屏障。蒙元定都大都（北京）后，在今怀来境内设居庸、榆林、土木三个驿站，公元1449年"土木堡之变"后，为了加强怀来的军事防御，明廷下令修建了沙城堡城、新保安城、土木堡城以及榆林堡城。

作为拱卫京畿的要地，事实上，这些沿着明长城选址于台地之上的堡城，除了具备有军事功能之外，还是商贸物流之地。据清康熙《怀来县志》载，榆林驿（旧属怀来，今属延庆）每月一、三、五、七、九日在人和街开设永兴集。

明清以来，怀来作为北京出关与张家口进关的必经之地，其辖境内的堡城也就顺势成为人员、货物与信息的流转之地，"茶市以张家口为枢纽，货物辐辏，商贾云集。蒙古人之转移执事者亦萃于斯，自秋至于初春，最为繁盛，所至骆驼以千数，一驼负四箱，运至恰克图，箱费银三两。其进口货则以牲畜皮毛为大宗，黄油酪酥次之，羊毛与驼毛额数尤巨，皆道天津而转输外洋者"。（《蒙古志·卷三》）

到了民国年间，作为察哈尔省的省会张家口，通过京张铁路与京津互通有无，这都使张家口乃至怀来成为贸易集散之地。然而，随着张家口日渐依赖煤炭经济，使得怀来除了化身为京津的菜篮子基地之外，其昔日筑在台地之上的堡城也为谷地的城市聚落所替代，并日渐没落。

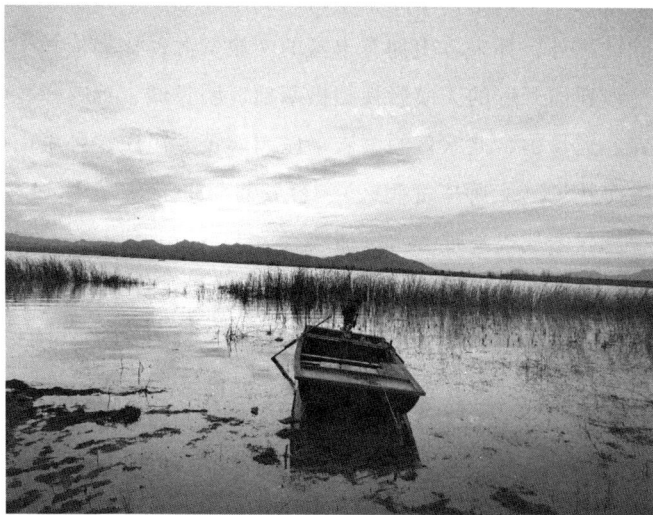

图 17 官厅水库夕阳 摄影：叶一剑

1951 年 5 月，因建官厅水库，怀来城被淹，县委县政府迁址沙城。大约 30 年后，注入官厅水库的桑干河流域先后从德国、美国、法国引进了 20 多个世界最著名的酿酒葡萄品种，怀来成为全国县级酿酒葡萄种植加工的最大基地，被誉为"葡萄酒之乡""中国波尔多"，并且其自有品牌长城五星及桑干酒庄葡萄酒多年以来为国宴唯一用酒。

用于酿酒的葡萄种植对雨热气候条件至为严苛，而上风上水的自然环境，空气质量二级以上天数年均 224 天，使怀来在冬季雾霾围城的京津冀城市群中显得尤为与众不同,更不必说坐拥官厅水库大片水域,森林覆盖率达 50.8% 的生态环境优势。

值得一提的是,怀来地热资源丰富,最具养生价值的温泉业态已初步形成,已成为怀来本地、周边及北京地区消费人群的旅游点,大大地丰富了怀来除了冰雪产业之外的冬季旅游业态。

除此之外,怀来境内拥有丰富的文旅资源,比如依托于境内移动性沙丘而开辟的天漠影视拍摄基地、明长城、鸡鸣驿、怀安昭化寺、天皇山、北宗黄酒薰衣草庄园、黄龙山庄、卧牛山旅游区、瀚海牧场(太师庄度假区)、容辰葡萄庄园、"土木堡之变"遗址、新保安战役遗址、永定河峡谷、天皇山北魏石窟、白龙潭自然风景区以及各类非物质文化遗产等。

怀来依然被认为地处边缘的原因之一是,怀来境内虽有京包、丰沙、大秦、沙蔚四条铁路贯穿全境,但已远远超出京津一小时的交通半径。哪怕是随着北京周边游的兴起,怀来也未能很好地抓住机遇——虽然文旅资源丰富,但是无论从开发程度还是空间分布层面来说,怀来的文旅产业始终未能形成规模,同时为人所熟知却走中高端路线的葡萄酒业态也无法支撑起大众旅游市场。

随着京张高速公路开通后,从怀来县城到北京北三环的车程仅为 1 小时,从与北京接壤的东花园镇到北京北三环只用 40 分钟。怀来已然超越传统意义上的边关之地,而逐渐成为京津冀城市群的一部分,怀来正在被重新发现。

尽得多重战略之便

事实上,在 2015 年《纲要》中就已确定了河北省"三区一基地"的功能定位,即建设"全国现代商贸物流重要基地、产业转型升级试验区、新型城镇化与城乡统筹示范区、京津冀生态环境支撑区"。

在此基础之上，无论是张家口还是怀来，一方面都在承继从前商贸物流的重要口岸角色，另一方面对于怀来而言，也在契合京津冀协同发展战略中的产业布局，重点发展商贸物流、旅游、高科技、高端制造、教育、医疗以及食品等绿色产业。

当此之时，随着国家新一轮交通基础设施和公共服务配套在京西北的布局，该地区交通环境得到前所未有的改善的同时，怀来交通锁钥的优势也进一步得到提升。无论是基于历史传承还是得益于现实基础之便，怀来都将成为京津冀对话一带一路地区的重要枢纽，不断推动人流、物流、信息流和商品流在这一地区的集散。

与此同时，在京津冀协同发展进程中，一方面由于京津产业外溢，京西北张家口以及怀来具备承接京津产业转移、京津产业辐射的有利条件，具有较强的区位优势；另一方面，怀来自身也在积极谋变，依托于自身资源优势，定位高科技产业发展方向，仅在 2016 年累计有几十个超百亿的科研创新型、高精尖产业型、旅游度假型投资项目进驻怀来，从而在根本上扭转怀来只是"京津菜篮子基地"的历史命运，整体上提升怀来县域经济的发展层级。

2015 年，北京和张家口联合取得 2022 年冬奥会主办权，张家口迎来全新的发展机遇，而位于京张之间的怀来，其价值洼地立时凸显，奥运效应所显现出的注意力经济在重塑区域产业生态之际，怀来很快成为投资热点。与此同时，规划建设中将于 2019 年通车的京张城际高铁，将北京与怀来的距离缩短至 22 分钟，届时怀来将被纳入北京半小时经济圈。

这不但促使怀来整体商贸物流业与新兴产业成为京津冀产业

格局的重要组成部分，也将使怀来的文旅产业迎来新的发展机遇。

由于北京市周边体验性旅游产品较少，其中周末游旅游产品或近郊度假游产品短缺已成为市民共识，很难满足蓬勃的市场消费需求，怀来得凭地利之便与优势人文自然资源，进而为京津客群提供丰富的体验性文旅产品，尤其是在全域旅游的背景之下，怀来的商贸基因和文旅产业将被激活。

据统计，2016 年，怀来社会消费品零售总额完成 50.5 亿元，同比增长 10.8%。与此同时，怀来县旅游市场火热，2016年，入境怀来的旅游人数达 560 万人次，旅游业总收入从 2014年的 16.4 亿元增长到 2016 年的 22.3 亿元，以每年 20% 的速度迅速增长。截至 2016 年，怀来旅游产业年生产总值已占地区年生产总值的 16%。

未来可期的是，怀来将形成以战略新兴产业、文化旅游产业、商贸物流业以及现代农业等绿色产业为支撑的整体产业格局，甚至可以判断怀来不尽是怀来的怀来，而是京津冀的怀来。

重塑产业价值链

公开数据显示，怀来当前第三产业增加值已超越第一、第二产业增加值总和。2016 年，怀来全县第一批重点项目共计安排151 项，总投资 2284.3 亿元，其中战略新兴产业项目 40 项，总投资 252.9 亿元；现代服务业项目 33 项，总投资 1461 亿元；传统产业升级项目 8 项，总投资 17.9 亿元；现代农业项目 11 项，总投资 77.2 亿元；基础设施项目 53 项，总投资 319.5 亿元；园区基地项目 6 项，总投资 155.8 亿元。

怀来正在通过重点发展战略新兴产业和现代服务业，以实现县域经济转型升级。随着航天产业基地、卫星地球站、星光中国芯、长城硅谷、哈工大科技园、航空小镇、奥林匹克汽车文化主题公园、奥林匹克世界冠军旅游城、恒大国际葡萄酒文化旅游城以及中植集团养生养老社区等在怀来落地，预估将吸收 30 余万地方及北京地区人才前来就业，拉动 100 万人以上的中高端消费群体。

同时，对于怀来而言，凭借战略与地利之便，一方面可以打造京西北商贸物流中心，另一方面打造文旅商综合体。事实上，作为怀来县政府重点引入的项目——万悦广场——京西北最大的商业综合体，其所覆盖的业态就是在新商业发展背景之下将文化、旅游、商业融合于一体。

随着全域旅游时代的来临，作为目前本地区最高品质和最大规模的城市商业综合体，万悦广场从一开始就定位为既是怀来全域旅游发展的核心目的地，也是重要的集散地，这将对怀来的全域旅游发展产生深刻影响，并充分激活怀来县域内的文旅资源与文旅产品创新升级。

另外一个值得期待的领域是，随着奥运效应显现，现代服务业将最先受益，延伸到怀来的新商业、文化旅游产业以及冰雪产业的全产业链条。在 2017 年发布的《河北省人民政府办公厅关于支持冰雪运动和冰雪产业发展的实施意见》中显示，2022 年河北省冰雪产业总规模将达到 1000 亿元。

那么，在我们看来，位处于京张之间具备商贸属性的怀来，在新一轮的发展机遇面前，当立足本地独特资源禀赋和产业基础，通过全球化的资源配置，重构相关产业价值链，从而确定自身在全球价值链中的地位。

以葡萄酒产业为例，目前，怀来东花园经济园区已与华夏幸福就共同开发中国高档葡萄酒产区达成合作协议，首期 30 平方公里开发开始运作，中关村等 30 余家葡萄酒及高新技术企业初步达成入园协议。

同时，随着恒大国际葡萄酒文化旅游城在怀来的落地，以及万悦广场全球葡萄酒展销中心的打造，那么在怀来将形成围绕葡萄酒的全产业链构建，这也是怀来在张家口乃至京津冀区域产业分工的逻辑。

变化已经开始，怀来的未来已来！

第六节　大厂传奇

十年为期，在今天这个快速变革的时代，如果战略选择得当，资源配置到位，十年时间完全可以让一个地方发生翻天覆地的变化，并可能开启一段之前难以想象的新征程，进一步引领周边地区的发展速度和品质。

河北大厂的十年巨变就有点这个意思。从 2007 年华夏幸福入驻大厂开发产业新城开始，大厂县地方政府主动地开放谋变；随着北京资源要素外溢，尤其是京津冀协同发展进入快车道以后，北京城市和文化功能快速东进，与大厂仅潮白河一河之隔的通州成为北京城市副中心。近年来，这一系列战略、政策和市场的变迁，不仅共同促成了大厂县域经济总量的快速增加（在 2015 年人均财政收入位列全国百强县），而且在城市形态和功能定位上实现了跨越式发展。

2017 年，河北大厂正式对外发布了总部商务战略，同时，作为新战略以及百亿级总部商务产业集群的核心承载平台，大厂创新中心正式开园。

河北的一个县都开始在京津冀地区做总部经济了，而且还是在北京周边，从区域经济和城市经济发展来看，这样的消息多少还是让人有些吃惊：一方面，这样的战略定位意味着随着北京市政府东迁通州，在未来的京东区域发展板块中，大厂将在很大程度上扮演区域经济中心和中央商务区的角色，与通州行政中心并驾齐驱，其发展雄心由此可窥一斑。

另一方面，一个一度被北京"虹吸效应"笼罩的河北县城，在市场化和全球化的资源配置之下，不仅在十年之间实现了跨越，而且在产业结构和城镇化方面都获得了超常规的发展，这对中国县域经济发展转型的镜鉴价值值得重视。

当然，如今在城市基础设施、生态环境、公共服务方面都有显著提升的大厂，如果真的希望在下一个十年实现总部经济的战略预期，还需突破很多挑战，面对很多竞合，其发展路径也需要有独特性，继续最大程度发挥市场化和全球化资源配置的价值，继续发挥"创意水乡城市"的环境优势，并在新的产业变革背景下，通过创新和创意实现与其产业定位一致的企业总部的集聚，真正成为"全球创意商业化中心"。

大厂高新技术产业开发区工委副书记、管委会副主任何培启表示，大厂通过积极参与北京副中心产业功能重组，与北京统筹发展，形成了产业发展创新格局，"接下来，将主动对接北京高端产业资源，构建以创新驱动和资本驱动为核心的创新服务体系，全面升级高端制造产业，着力推进影视文化、总部商业产业集群，抓住北京城市向东、文化向东的发展机遇，向全球创意商业化中心的目标全速推进"。

十年巨变

作为明洪武年间的皇家马场，自"燕王扫北"后从江南来的

军民屯田种麦，这一地区就渐渐不再被称为"大场"，而谐音为
"大厂"。1955 年，大厂回族自治县成立，隶属于河北省廊坊市。

2007 年以前，与通州一河之隔的大厂回族自治县境西还是
成片的滩涂地，牛羊吃着秸秆和草料等着出栏，今天看起来已经
颇显繁华之象。20 世纪末，大厂夏垫地区一些金属加工和机械
制造等企业也成为历史，在那个时候，整个大厂县的产业结构与
现代产业还基本无缘，至于发展总部经济，无论是当地的官员还
是居民，别说不敢想，恐怕听说过的人都没有多少。

2007 年，华夏幸福以打造"创意水乡城市"的战略定位入
驻大厂与当地政府一起开发产业新城，几乎与此同时，北京明确
提出了"东部发展带"的设想，随后的故事基本上都耳熟能详
了：随着京津冀协同发展战略成为国家战略，通州被定位为北京
城市副中心，这客观为一水之隔的大厂带来了新的战略机遇，潮
白河岸边的价值水涨船高。

尤其是京津冀协同发展战略的提出，通州被定位成北京市城
市副中心，与其隔水相望的大厂，特别是大厂产业新城，区位优
势愈加凸显，这一变化也改变了大厂传统的发展格局，使其具有
超越传统县域经济发展的思路来重新思考大厂的县域经济转型发
展之路。

比如，大厂突破传统县城基础进行城市建设，暂时摆脱对既
有县域资源的依赖，通过导入国际化资源直接布局现代产业，在
人才引进上也比很多县域具有优势条件。可以说，如果没有基于
这些思考的发展战略和项目选择，就没有大厂今天的产业、城市
和经济基础，也不太可能进一步提出打造总部商务产业集群的战
略目标。

在大厂总部商务战略发布暨创新中心开园仪式上，华夏幸福

产业发展集团副总裁秦文才指出，基于对产业新城十年发展的总结和未来战略方向的把握，将大厂定位于智能制造、文化创意和总部商务三大产业集群发展。

在我们看来，回顾大厂十年来的发展历程，很大程度上表现出了全域转型发展的均衡态势，而华夏幸福在大厂的产业新城表现尤为亮眼，大厂产业新城在很大程度上奠定了大厂新一轮县域经济转型的基础。

华夏幸福大厂产业新城位于大厂县西部，与北京通州只隔着一条潮白河，自 2007 年开发建设以来，历经十年时光，已经成为一座集生产、生活、生态于一体的绿水交融的生态产业新城。

更具体地来看，在产业层面，大厂产业新城北区已经有 100 多家企业入驻，同时，两三年前开始打造的大厂影视小镇，无论是产业层次还是品牌影响力，都已经是一个强势 IP。

在这一地区，教育、医疗、公园、酒店等都基本布局到位，而且是高起点，整个城市公共设施和基础设施十年来发生了非常大的变化。按照最新规划，引入华为公司进行智慧城市的综合提升，成为大厂发展总部经济和更高级产业的基础。

当然，在秦文才看来，在大厂发展总部商务，一方面是考虑到，基于京津冀的协同发展和北京市城市副中心的建设，大厂势必要面临北京城市东移、文化东移的现实，但更重要的是希望能够让大厂的产业由外在的增长能力逐步转变为自己内生的增长能力。而这其中有一个很重要的引擎，就是总部经济。

产城驱动

历经十年，从畜牧之乡到"创意水乡城市"再到"全球创意商业化中心"，大厂的县域经济转型像所有的环京小城镇一

图18　河北大厂影视小镇　摄影：宋彦成

样，一度也是在试图抓住的背景下展开的。

在我们看来，京津冀区域协同发展是基于产业布局与区域功能的协调，无论是基础设施还是产业类型选择，对大厂这样的周边县域而言，都必须纳入区域经济的整体战略布局之中，在产业类型选择、空间布局上，都必须从县域发展与京津冀区域发展来综合加以考虑。

实际的情况也是这样，无论是从过往十年大厂的发展，还是从新一轮大厂的发展战略定位来看，这一逻辑都有迹可循。但是，在我们更系统性地梳理和审视大厂转型发展的过程中，另外一个角度也是尤其值得关注的——如果摆脱对一个大城市资源外溢的依赖，在一个相对边远地区的县域，或者说对大多数县域来讲，在新的时代背景下，如何实现跨越式发展，而且在产业和城市两个领域同步推进。

现在的县域经济发展，别说是单靠一个大城市的资源外溢，哪怕是在一对一帮扶的情况下，恐怕都很难实现快速的转型发展。因为包括县域经济在内的中国区域和城市发展，都必须立足于自身的资源禀赋，在更大的范围内进行资源配置，只有这样才能赋予县域经济的转型发展以内生增长力和驱动力。而且这一资源配置方式对专业人才、市场机制和空间载体都提出了更高的要求。所以，在我们看来，很难说大厂的十年巨变主要是拜紧邻北京的区域优势所赐。

我们看大厂的发展历程，可以强烈地感受到，华夏幸福与大厂地方政府共同启动和推动的产业新城的建设，是过去大厂快速发展的关键支撑之一，而大厂产业新城的建设，可谓充分体现了专业人才、市场机制、空间载体的特征。

站在新的时间节点上来看大厂和大厂产业新城的发展，还给我们另外一个启示：城市基础设施和公共服务的配套及完善，与产业定位和产业运营之间的节奏协调很关键，尤其是发展创新性比较明显的产业，更对城市环境提出了较高的要求，而城市环境的改善，也在很大程度上推动着新兴产业的落地。这可谓是县域经济转型发展中的产城双轮驱动的价值体现。

更多的反例也在说明在县域经济转型发展中产业和城市双轮驱动的重要性，比如，我们经常看到很多地方经历了房地产化的城市化狂奔后，陷入了"有城无产"的"空城"陷阱，也有的地方经历了快速的产业集聚以后，陷入了"有产无城"以至于产业转型升级遭遇瓶颈的尴尬。这两种情况在我国包括很多县域在内的地方都有发生，尤其是大城市周边地区。

所以，这也是我们之所以对大厂通过企业主导运营的产业新城建设推动整个县域经济转型发展的案例充满兴趣的原因之一。

更难得的是，这是一个十年以上的观察样本。如今，这个在北京周边快速发展了十年的县域经济，竟然开始明确提出发展总部经济和新兴总部商务产业集群的目标——别忘了，这可是在河北，虽然与北京一河之隔，但毕竟属于河北。由此，我们也认为，在新一轮的区域经济转型和产业变革中，应该会有不少的县域经济寻找到自己的发展机会，但如何能够在经历一轮产业集聚和经济增长以后，进一步实现迭代发展，就需要做提前思考和认真研究了。

清华大学区域经济研究中心主任施祖麟曾公开表明，产业新城是振兴县域经济的强力引擎，其能破解县域工业起点低、城市基础设施差、优质人力资源少等发展瓶颈，通过合理规划，构建基于县域区位优势、资源特色和文脉传承的产业新城，通过引进市场化的运营机制，专业招商，形成当地特色产业集群，实现县域经济增长方式的科学转变。

我们的总结是：大厂新一轮县域经济转型是在具备一定的产业基础之上寻求更高端的产业集聚，而这就需要更开放、更市场化的全球资源配置。大厂县域经济十年的转型发展，除却其环京区位优势之外，其城市升级所依循的逻辑是产业驱动、资本驱动、创意驱动以及平台驱动，这与县域经济转型与产业新城模式牵手密切相关。

在大厂的下一个十年，其智能制造、总部商务以及文化创意三大战略产业的发展，尤其是总部经济的战略目标的实现，关键要依靠产城协同驱动能力和全球化、市场化的资源配置能力，而且，要求会比以前更高。

华夏幸福副总裁秦文才说，在一个新十年的开始，华夏幸福和大厂县政府一起再次发布总部经济"产业升级 内在动力"的发展思路，希望新的"全球创意商业化中心"的定位，能够为大厂县产业发展提供新动能，也能够为企业的投资落地提供更加系统、更加全面的服务。

在我们看来，大厂的总部经济靠直接的招商引资是不可能实现的，需要通过一系列的机制和平台，将这一地区的政策、技术、创意、项目和企业，实现与全球资源要素的连接，并实现本地化技术创新、项目落地、商业模式打造、企业快速成长等目标。

沿着旧地图找不到新大陆。当我们看到在大厂总部商务战略发布仪式上，一群来自当地政府、华夏幸福、大厂产业新城、产学研促进机构、太库科技孵化器、车创投咨询机构、华为智慧城市团队以及一系列金融投资领域的人在畅谈技术、产业和城市变革的时候，我们认为，大厂已经走在了一条崭新有效的发展路上。

在今天这个快速变革、每天都在发生颠覆与被颠覆故事的时代，无论是要占领产业发展的高点，还是要占领区域发展的高点，最务实的战略就是协同各方力量，一起创造高点。

具体到大厂发展总部经济的战略目标而言，与其事倍功半出力不讨好地从其他地方撬动一些传统企业的总部搬迁到此，不如将精力投向新兴产业的培育、孵化和助力，让优秀的企业直接诞生在这里，成长在这里，闪耀在这里，这才是新一代总部经济发展的正途。唯有如此，大厂作为中国县域经济下一个十年的发展传奇才更值得期待。

第七节　蔚县突围

"暖水濯我足，剪纸招我魂。"

作为一种用剪刀或刻刀在纸上剪刻花纹的民间美术，剪纸除了具有巫术功能外，通常体现的是日用装饰功能。剪纸流派众多，遍布南北，但主要以剪刀作画，比如陕西剪纸、江苏剪纸与广东剪纸等。其中，河北张家口的蔚县剪纸发展到清咸丰、同治年间，一位名为刘老布的银匠，以刻刀代替剪刀来"剪"窗花。

蔚县剪纸（俗称蔚县窗花）是全国唯一以阴刻为主、阳刻为辅的点彩剪纸，到清光绪、宣统年间，蔚县县城中出现吕、翟两姓的剪纸家庭作坊。其中，吕家专刻戏曲人物，翟家独刻花卉，这种家庭作坊式的分工说明蔚县剪纸已身在市场，而男性开始掌握剪纸技艺在某种程度上而言便是蔚县剪纸商品化的界碑。

在步入商品化之路后，以剪纸为生业或副业，就需要集聚资源，依托于从剪刀到刻刀的技术革新，进而批量化生产。20世纪30年代，在民间艺人王老赏对蔚县剪纸人物造型与刻染技法进行改造、规范与丰富之后，蔚县剪纸风格趋于成熟，终成一派。在最近20年里，在政府的扶持和市场驱动的双重作用下，蔚县剪纸走上了一条规模化、产业化道路，从一个农民副业逐步发展为事关全县产业转型升级的主导产业。

蔚县剪纸是华北地区众多非物质文化遗产项目中的一种，既有华北剪纸的共性，也有其独特的艺术特色。纵观河北众多文化

206

资源，都存在着此类表征，即和其他华北省市存在着共性，继而从中突围。

而蔚县剪纸产业化的打造，便是通过一系列的要素集聚、平台打造，使得河北本土文化在整个华北地区张扬、凸显。正因此，蔚县剪纸的产业化之路对整个河北文化产业发展而言，具有鲜明的案例启示。

蔚县民间剪纸产业化路径

传统的剪纸技艺拥有者主要是女性群体，剪纸技艺属于女红——所谓"家传的剪子"。直到刻刀介入蔚县剪纸，男性也被纳入进来。从业人员的增多和技术的革新，推动了蔚县剪纸的产业化进程。

到目前，蔚县剪纸的产业化之路已经走了半个多世纪了。

1956年，蔚县政府将分散的蔚县剪纸艺人组织起来成立窗花社，后改为蔚县剪纸厂，通过整合蔚县剪纸资源，从而发展剪纸社会事业。

20世纪70年代后期，蔚县剪纸厂重新投产，剪纸艺人重操旧业。

20世纪80年代，个体户主要刻染"上街货"窗花，蔚县窗花厂生产的窗花主要销往国外，俗称"出口货"。

20世纪90年代，随着蔚县剪纸市场的不断扩大，县办剪纸厂、南张庄村办剪纸厂已满足不了市场的需求，众多窗花艺人也纷纷办起了自己的剪纸厂。

不过，在21世纪之前，剪纸生产主要作为民用以及承担国家邦交之间礼物的角色，并为此设计生产了传统戏曲脸谱剪纸。其中，蔚县"奇彩"牌剪纸被外交部定为"国家级馈赠佳品"。

在此期间，传统剪纸从窗户上走下来，成为工艺品剪纸。

进入新世纪之后，根据蔚县剪纸市场经济新形势下发展的客观要求，很少艺人再刻制窗花，而是大力发展现代工艺品剪纸。

但综观下来，彼时剪纸产业的经济产值占全县 GDP 的比重甚微，当时蔚县有"燕赵煤仓"之称，为全国产煤百强县之一，煤炭产业一直是县域经济的支柱。但自 2009 年开始，全国范围内煤炭产业形势下行，蔚县也不例外，开始寻找经济发展新动能。

这种背景下，当地开始注重对旅游产业的投入，包括对剪纸产业进行扶持，剪纸产业借势而上。如此，在经济转型过程中，蔚县从"煤城"逐步化身为"蔚县古城"。

事实上，蔚县剪纸并不是华北独一份——蔚县邻县山西大同广灵等地，也都有染色剪纸的优秀工艺的留存。但通过一系列的产业打造，蔚县剪纸在众多剪纸地区品牌中脱颖而出。

据公开资料显示，2010 年，首届中国剪纸艺术节期间，蔚县就与国内外投资商签订了总投资达 25 亿元的 17 个大项目。另据调查，截至 2011 年，蔚县 22 个乡镇、561 个行政村中，就有 16 个乡镇、96 个行政村分布着剪纸艺人，其中剪纸专业村 28 个，剪纸专业户 1100 户，剪纸从业人员 3 万余人。每年剪纸 500 多万套，畅销美、日、德等 100 多个国家和地区，年收入两亿多元，产值占到全县 GDP 的 4%。如此，蔚县剪纸产业渐成规模。

剪纸小镇的平台价值

蔚县素有"千年蔚州，九朝古城"之誉，地处太行山、燕山和恒山余脉交汇处，位于河北省西北部，东临北京，南接保定，西倚山西大同，北枕张家口，县域经济以煤炭产业为支柱。在全国范围内始兴去产能的经济转型过程中，蔚县提出"文化立县、旅游活县、工业强县、特色兴县"的发展新思路。

在对地方优势文化资源的锁定过程中，蔚县无疑抓住了先机，在剪纸的地域流派分化众多的情况下，体现出"人无我有，人有我优"的战略定位。蔚县剪纸产业的兴起和突围顺应我国产业结构调整的趋势，在第三产业或文化产业上的发力是适时支援第一、第二产业的重要路径，培育新的产业经济增长点，以此促进地区经济合理布局和协调发展。

在我们看来，无论是曲阳雕刻小镇，还是阳原县依据考古资源进而营造的国家考古公园，河北都在整体布局中重新发现文化产业的价值所在，而这都迄始于当地丰富的（非）物质文化遗产资源。

蔚县剪纸产业化所带来上下游产业链的构建，将生产、流通与消费等环节的各要素打通，一荣俱荣。另外，从产业类别来看，建立起一套完整的市场细分系统，为市场输送日用品（重新构建作为窗花的审美价值）、文创产品（如剪纸艺术品、收藏品等）以及文旅产品等。

譬如后者，依托于蔚县剪纸而建成的蔚县剪纸产业园区，如中国剪纸艺术博物馆、中国剪纸第一街、中国剪纸第一村（南张庄村）以及剪纸学校等，在集聚、丰富当地文旅产业链条的同时，还为县域经济转型升级搭建平台，直接促进县域文旅资源的整合，与其他非物质文化遗产如蔚县打树花（火树银花）以及蔚县秧歌，共同成为蔚县文旅产业的三张王牌。

在全国建设特色小镇的背景下，蔚县正依托南张庄村打造"剪纸小镇"，着力打造融合剪纸、民俗、古堡特色的剪纸风情小镇。

蔚县剪纸产业的勃兴为剪纸专业村、专业户与剪纸企业等带来经济效益的同时，直接促进了县域整体经济的发展。这离不开蔚县对剪纸产业在土地、贷款、税收、人才等政策方面给予倾斜，加大对产品研发的支持行为。其实，早在1998年，蔚县就成立了民间艺术研究会，2001年，蔚县剪纸行业协会成立（于2009年更名为蔚县剪纸协会），另外，地方院校（如河北师范大学、河北经贸大学以及周边省市的高校等）的文化研究也为蔚县剪纸产业化提供智力支持。

另外，为培育剪纸人才，蔚县率先建成剪纸幼儿园、剪纸特色小学以及剪纸职业学校等，使得传承得以为继，在剪纸产业化的背景之下，为市场输入劳动力要素。与此同时，这也不耽于蔚县剪纸的文化研究，还涉及剪纸的设计研究以及推广研究等，而这都是基于对蔚县剪纸品牌的商业化运作。

蔚县剪纸的品牌化之路

事实上，蔚县剪纸在2006年入选为国家级非物质文化遗产名录之前已然声名在外，更不必说在2009年10月又入选为联合国人类非物质文化遗产代表作。早在1958年，张家口市文化馆举办蔚县剪纸展，就是剪纸产业略成规模后的品牌形象宣言；在1979年1月26日至2月28日期间，中国美术馆（北京）举办了"蔚县民间剪纸展览"，同年5月，文化部对外司精选蔚县剪纸作品，由联合国教科文组织与日本方面合作，在日本展出。

在方塘智库看来，正是在不断地连续向外推广的过程中确立了蔚县剪纸的品牌。此外，2010年6月29日，蔚县在北京人民大会堂召开了首届"中国剪纸艺术节"新闻发布会，至今已连续举办六届，以"世界剪纸看中国，中国剪纸看蔚县"为旗帜，稳据剪纸行业的高地。

另外，作为国家级非物质文化遗产类别中民间美术项目的蔚县剪纸，其独特的刻制点染技艺与其他地域派别的剪纸区别开来，从而成为蔚县继"燕赵煤仓"之后的新名片，并在 2003 年中国民间文化遗产抢救工程剪纸专项会议上被授予"中国剪纸艺术之乡"，并以此成为"中国剪纸研究基地"。

蔚县正是抓住自身独有文化资源从而进行全媒体的品牌营销，除了借助传统媒体与新媒体的传播之外，通过举办剪纸艺术节、研究会议/论坛（"剪纸艺术保护与发展国际论坛"和"蔚县剪纸文化产业发展专题讲座等）以及文化精英（如冯骥才等）与民间艺人的公共发声等，打造树立蔚县剪纸的品牌，并以此拓展线上线下的销售渠道；另外，如 2014 年首部描写蔚县剪纸的电影《窗花》首映，便是通过故事讲述来达到品牌传播的效果。

但是，在 IP 时代，蔚县剪纸的品牌形象需要明晰知识产权。有法律界人士主张，蔚县剪纸知识产权主体应落到民间艺人身上，但是从操作层面来讲，需要将蔚县剪纸纳入地理标志产品体系。在方塘智库看来，市场对蔚县剪纸品牌的认可，其背景在于中国经济转型之际人们对文化产品的消费需求增长。鲜活的蔚县剪纸正是在生产性保护中得以延续，而其产业化运作的经验更能为后来者提供启示。

除此以外，蔚县虽然位于京津冀地区，但是在地理位置上处于边缘地带（主要是交通不便，从北京到蔚县车程 4 个小时，远大于 2 小时的自助出游半径），使蔚县剪纸借助旅游业的在地产出受限。因此，在区域劣势中取胜的方法除了抱有对交通改善的期盼之外，鉴于金融危机后国外市场的萎缩，目前来看，蔚县剪纸更应该依赖于深耕国内市场，廓清剪纸产品的消费意义体系。

图书在版编目（CIP）数据

重新发现河北／方塘智库区域战略研究中心著. --
北京：社会科学文献出版社，2018.5
（城市中国丛书）
ISBN 978 - 7 - 5201 - 2628 - 1

Ⅰ. ①重…　Ⅱ. ①方…　Ⅲ. ①城市经济 - 经济发展 -
研究 - 河北　Ⅳ. ①F299. 272. 2

中国版本图书馆 CIP 数据核字（2018）第 084686 号

·城市中国丛书·
重新发现河北

著　　者／方塘智库区域战略研究中心

出 版 人／谢寿光
项目统筹／恽　薇
责任编辑／王婧怡　刘鹿涛

出　　版／社会科学文献出版社·经济与管理分社（010）59367226
　　　　　　地址：北京市北三环中路甲 29 号院华龙大厦　邮编：100029
　　　　　　网址：www. ssap. com. cn
发　　行／市场营销中心（010）59367081　59367018
印　　装／三河市尚艺印装有限公司

规　　格／开　本：880mm × 1230mm　1/32
　　　　　　印　张：7. 25　字　数：170 千字
版　　次／2018 年 5 月第 1 版　2018 年 5 月第 1 次印刷
书　　号／ISBN 978 - 7 - 5201 - 2628 - 1
定　　价／49. 00 元